星云大师

给年轻人的十句箴言

布衣◎编著

中南出版传媒集团·湖南人民出版社

图书在版编目（CIP）数据

星云大师给年轻人的十句箴言 / 布衣编著 . — 长沙：
湖南人民出版社，2012

ISBN 978-7-5438-9036-7

Ⅰ . ①星… Ⅱ . ①布… Ⅲ . ①佛教－人生哲学－青年读物
Ⅳ . ① B948-49

中国版本图书馆 CIP 数据核字（2012）第 292635 号

出　　　版：中南出版传媒集团·湖南人民出版社
　　　　　　（地址：长沙市营盘东路 3 号　410005）
经 销 者：全国新华书店
印 刷 者：三河市灵山装订厂
开　　　本：710×1000 1/16
字　　　数：233000
印　　　张：17
出版时间：2013 年 1 月第 1 版
印　　　次：2013 年 1 月第 1 次印刷
出 版 人：谢清风
责任编辑：曾赛丰
特约编辑：杨晓晖　梁丽柔
封面设计：Fuke 工作室
美术编辑：付　考
ISBN 978-7-5438-9036-7
定　　　价：29.00 元

发　　　行：中南出版传媒集团·北京涌思图书有限责任公司
　　　　　　（地址：北京市朝阳区安定路 39 号长新大厦 1001 室　100029）
联系电话：010-64426679
邮购热线：010-64421810
传　　　真：010-64427328
公司网址：www.yongsibook.net
投稿邮箱：pd@yongsibook.net

前言

　　"不耐烦而无恒；不落实而幻想；不回头而任性；不认错而执著；不着意而无心；不立愿而无志；不行慈而自私；不求深而肤浅。"这是台湾佛光山开山宗长星云大师所总结的当今青年的八大通病。

　　青年是社会进步的动力，也是国家未来的希望，然而近年来青少年犯罪率提高，犯罪年龄层也逐渐下降，不禁令人感到忧心。那么当今青年究竟该如何完善自己的修养、把握自己的人生，怎样在成长的道路上不迷茫，不彷徨，少走弯路呢？或许我们可以听取星云大师的高见，从佛教义理中找答案。

　　星云大师是国际著名的佛学大家，他在青年的教育成长和事业发展方面具有十分丰富的真知灼见。有如"万法相互缘起，世事不必强求"、"心胸有多大事业就有多大"、"做人要当提起时提起，当放下时放下"种种言论已经沦为经典，深入人心。星云大师乃方外之人，全无私心杂念，故对世事看得透彻，他将佛教义理通俗化、生活化，深入人心，令人舒心，使人宽心。

　　宇宙中什么力量最大呢？有的人认为心的力量最大。人的意志力往往可以决定一生的前途，所以青年时期就要建立积极的人生观；有了健全的人生观，不但关乎自己一生的幸福，对家庭、社会、国家也会造成极大影响。有健全的个人，才有健全的家庭；有健全的家庭，也才有健全的国家社会。

不认识自己的心，才觉人生茫然，是每一个人都有的生命困境。假如能时时观照自心，检视自心，就能渐渐认识自己，充实自己，假以时日必能乍见本来面目，清朗透彻，一切完成。外在的风雨，终有停止的一刻，我们内在的风雨，如何才能归于平静？"依止因缘，无有坚实；如风中灯，如水聚沫。"依靠镜花水月的无常世间，是安顿不了我们的身心。当你埋怨下过雨的路面，泥泞难行，何不抬起头来。看看满天星光，正为你照亮脚下的路？

《星云大师给年轻人的十句箴言》以佛教精义为根底，对世俗社会万千的人和事，即人生观、财富观、爱情婚姻、家庭教育、人际交往、成功励志等诸方面进行阐释，勘破纷扰表象，指向自省自在的人生幸福，一如清躁甘霖，入世洞明，让人身心善美。

全书从10个不同的角度为我们指明了做人做事的关键，具有一定的代表性和普遍性，值得所有的青年学习和思考；而佛家以出世的眼光处理入世的问题，往往会更高明、更彻底、更到位，值得我们所有人参考和借鉴。

全书精心提炼了星云大师最具代表性的10句箴言奉献给大家，同时也把星云大师对年轻人的寄语结合星云大师的相关言论以及丰富生动的相关案例一并呈献，从宏观入手，微观细描，精选了当代年轻人最需要关注的各个方面，处于激烈竞争中的年轻人，带着这本书，当有疑惑的时候，当迷茫的时候，翻一翻此书，让它为年轻人打气，让它帮助年轻人找到方向，陪伴年轻人翻山越岭，达到梦想的高度，并转化为微观生活，应该能为各位读者的学习和生活有所影响、有所助缘。

翻阅本书，聆听禅门临济宗第48代传人星云大师给年轻人的人生哲学。

目录

第一章 知足常乐，随缘是福

——星云大师谈知足

　　人生最大的收获是知足，古谚也说知足者常乐。拥有一颗流云似水的心，超然洒脱地面临现实，尽情地享受生活，这正是生活快乐的源泉。

——星云大师

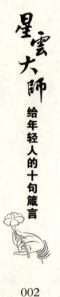
知足常乐是天堂

> 知足常乐是"天堂"，慈悲喜舍是"道场"，
>
> 服务助人是"福田"，欢喜融和是"乐园"。

——星云大师《佛光菜根谭》

知足，语出《道德经》，即自知满足，不作过分地企求。原文"知足者富，强行者有志"，"祸莫大于不知足"。

有一首"戒不知足歌"，形容一个人"无厌足"是非常贴切的——"终日奔忙只为饥，才得饱来便思衣。衣食两般俱丰足，房中又少美貌妻。娶下娇妻并美妾，出入无轿少马骑。骡马成群轿已备，田地不广用不支。买得良田千万顷，又无官职被人欺。七品五品犹嫌少，四品三品仍嫌低。一品当朝为宰相，又羡称王作帝时。心满意足为天子，更望万世无死期。总总妄想无止息，一棺长盖抱恨归……"

只有心无罣碍，远离颠倒妄想，才能有解脱自在的人生。

知足者常乐。知足看起来是保守，实际上是人生的安乐之道。人们总是不停地追求物欲，永远不满足，而菩萨则不然，菩萨"常念知足，安贫守道，惟慧是业"。

有些人孜孜以求物欲的享受，例如贪财好色、贪名好利、贪杯好酒、贪玩好物等，殊不知，贪图这些不当的欲乐若不能节制、知足，则欲望无

穷，就找不回自己了。

在现实中，人们往往迷失自己。财富当前，生命就在财富手里；美色当前，生命就在美色手里，这都是缘于不知足。同样，多求者最终什么也得不到，历代富豪最终什么也保不住，一无所有者众。所以，只有能够知足，生命才能安定，生活才有乐趣。

过去有一个骑着骡子外出的人行走在旅途上时，见到前面一个骑马的人，心里非常羡慕，贪欲之心油然而生，但当他回头一看，有一个人正汗如雨下的推着车，他仔细一想，不觉心平气和了。他说："别人骑马，我骑骡子，看看眼前我不如；回头一看推车汉，比上不足比下有余。"

由此看来，知足者常乐，知足是拥有，知足是圆满，知足是自在，知足是平和。诸佛菩萨为了度脱有情，福利社稷，发出"知足常乐，能忍自安"的至理名言，在任何五浊十恶的环境中都能安之若素，视为净土。所以我们要学会知足，"知足常乐"是幸福路上最好的座右铭。

战国时代的颜斶，齐宣王要拜他做老师，并且对他说：

"只要颜先生收我为弟子，每天和我生活在一起，饭食有牛羊猪肉，出外可以坐车，并赏给你妻妾子女美丽的衣服。"

颜斶轻轻地回答道：

"谢谢您的好意，我是不愿当王者之师的，我愿意吃饭时慢慢地咀嚼，等于吃肉一样；走路时慢慢的前行，等于坐车一样；安分守己，不去犯罪，当作尊贵；清净自守，凡事以理去做，当作快乐。"

像故事中的颜斶这样，知足而安，无欲无求，洁身自好，不受世辱，应该是人生理想的境界。

第一章　知足常乐，随缘是福

——星云大师谈知足

但自古以来，所谓的"名枷利锁"，不知让多少人终日蝇营狗苟，喘不过气来。

当我们执著于金钱时，金钱就将我们的心志钳制了；当我们执著于权位时，权位就将我们的胸襟套牢了。这样，我们紧缩不放的脚步就无法再向前迈进。的确，普天之下最能系缚我们的，不是他人，而是自己。

我们要解脱自在，不但要学习放下一切，更要具有旷达的胸襟视野，要想得开，想得远，要看得宽，看得大。

但佛教所谓知足，也并不是教我们有钱不要：正当的财富，有正当用处的财富当然是越多越好，所谓君子爱财，取之有道；而非正当的钱财，虽一毫而莫取。

有一次佛陀和阿难行走在路上，见到路旁有一堆不知是谁遗失了的金银，佛陀就指着金银对阿难说道：

"阿难！你看到了吗？毒蛇！"

"佛陀！我看到了毒蛇！"阿难回答。

佛陀和阿难走过了以后，在田里工作的父子二人，就很奇怪的来看看是什么毒蛇，哪知不是毒蛇，是一堆金银，父子二人很欢喜，暗笑佛陀和阿难见财不要的无知，于是他们就把金银运回家中，以为自己发财了。

不久，国王知道国库里的金银遭人窃取，就下令搜查，于是在这父子家中搜出一堆金银，这是无法抵赖的罪证，因此父子二人被判成死罪关入牢中。

父子二人想想真是冤枉，到这时他们才想起佛陀和阿难的话一点也不错，父亲就对儿子说道：

"阿难！你看到了吗？毒蛇！"

"佛陀！我看到了毒蛇！"儿子回答。

狱官一听，觉得这父子俩一问一答很是奇怪，再详细审问，知道他们被冤枉了。

金银是毒蛇，害了他们，而记起佛陀和阿难的问答又救了他们。

因此，不当之财一毫莫取，安贫乐道、坚守节操才是幸福安稳的人生！

知足就是富贵

> 知足就是富贵，适情就是自在。
>
> ——星云大师《佛光菜根谭》

知足是一种幸福，人生一世，不能使自己在欲望的困扰中作茧自缚，更不能在无尽痛苦中度过。

知足是一种境界。人要达到这种境界，就必须拥有博大的胸襟、一份坦然、一种淡然。知足是香兰被人踩倒却留香脚底的气质，它是一种美德，可以使你的人格得到升华，让你的心灵得到净化！

佛陀未出家前的一位兄弟，名叫跋提，受到佛陀的感化之后，抛弃了世俗的荣华富贵，出家修行。有一天，跋提在深山的岩洞中修习禅定，突然发出欢喜赞叹声说："好快乐啊！好快乐啊！"

旁边同参的人，好奇地问他："你说快乐，究竟快乐些什么呀！"

"过去我贵为王子之尊，娇生惯养在皇宫中，每天吃的是珍肴美味，但是没有今天托钵来的一碗粗食香甜；穿的是绫罗绸缎，但是比不上一件袈裟的尊贵。过去虽然有成群的护卫，朝夕以刀枪守卫着我，但是我仍然惧怕怨贼歹徒来行刺伤害。现在我独自一人，在空寂的林野中禅坐，没有人保护我，但是我心中对生命一点也不觉得恐慌和忧虑，感到无比的快乐与轻安！"

一个人在生活上的富有，并非全然地以金钱富贵来衡量，能够知足感恩的人，才是享有真正富足的人生。跋提对当下满足，所以心里常乐，内心富有。普通人有这种富足感吗？

一位叔叔领着侄子到北方某肿瘤医院看眼疾，由于手术费太高，无力承担，只好沿街乞讨。

某报记者获知此情况后，就将他们的处境写了一篇报道刊登在报纸上，呼吁社会各界给予他们叔侄帮助。

这篇报道刊出的第二天，就有许多人来报社捐款。其中有一名下岗工人，领着自己残疾的儿子来捐款。报社记者采访这位下岗工人，问他为何在自己如此窘迫的情况下还要去救助别人。

那位下岗工人岁数并不大，但看起来比实际年龄苍老。他只说了一句话，却让那位记者回味了许久"穷人再拿出一点儿来，还是穷人，这是不会改变的。不同的是，当我看到被救助的人眉头舒展开的那一刻，我感觉到了自己内心的富有。"

上面故事中的这位下岗工人语言朴实但却耐人寻味。一个人可以没有钱，但必须拥有道德和智慧，这才是真正的无价之宝。

《遗教经》云："若欲脱诸苦恼，当观知足。知足之法，即是富乐安稳之处。知足之人，虽卧地上，犹为安乐；不知足者，虽处天堂，亦不称意。不知足者，虽富而贫；知足之人，虽贫而富。不知足者，常为五欲所牵，为知足者之所怜悯，是名知足。"

有个年轻人发不了财，终日怨天尤人。一天，他碰上了一位白发老人，又发牢骚。老人听后，说："你穷吗？我看你很富有嘛！"

"这从何说起？"年轻人问。

老人反问："现在要切掉你的一个手指头，给你1万元，你愿不愿意？"

"不愿意！"年轻人回答。

"假如有人给你10万元，要你挖去自己的双眼，你干不干？"

"不干！"

"要是让你立刻变成一个90岁的老人，给你100万元，你愿意吗？""不愿意。"

"这就是了，算起来，你已拥有上百万元的财富，为什么还哭穷？"

生活中，我们可以看到：即便很有钱，但是身体不好，财富再多也无福享用，不但事情做不成，有时亲友还要为我们担忧。反之，即便拥有的金钱、土地、股票不多，但只要身体健康，凭着勤劳、努力也能实现理想。

大家要爱护身体健康，因为拥有健康就是拥有财富；大家要珍惜青春，青春是一列开过去就永不回头的列车，拥有年轻就是拥有幸福。

中国佛教史上的第一功臣——晋朝的道安法师。一天，一位护法居士郗超派人送了一千斛白米给他作为寺中的斋粮，但寺中没有这么大的米仓，道安法师只好腾出三间楼房，才把这一千斛白米装进去。

于是，道安法师回复了郗超居士一封信，信里说：

"承蒙你送给我们一千斛白米，但却增添了我们很多收藏的麻烦！"

星云大师曾说过：一般人总是嫌东西少，而道安法师却嫌东西多，这是圣者的胸襟，这是菩萨对世间的态度！觉悟的修道者，对于世间物欲的看法是，多求的结果是穷，喜舍的结果才是富，东西多了，心为形役，生活反而得不到安宁。

所谓"知足"，就是个人对物质的要求要能节制，对世间的诱惑要有力量克制。物欲像一匹野马，知足宛若一条缰绳，必须靠知足的缰绳来驾驭物欲，才不会成为欲望的奴隶。

对于一个知足的人来说，他虽贫穷，却时常因为偶尔得来的财物而感到自己很富足，甚或会因自己一时的"富有"而苦恼。而对于不知足的人来说，无论他多么富有，但总觉得自己处于赤贫状态。

知足者多福，拥有知足就是拥有一个最安定、最幸福、最快乐、最真实的富贵。

知足是解脱欲望的妙方

知足，是解脱欲望的妙方；

感恩，是拥有财富的法门。

——星云大师《佛光菜根谭》

一般人总是不停地追求物欲，这山望着那山高，永远没有满足的时候；而菩萨则不然，菩萨常念"知足，安贫守道，惟慧是业"。

多欲为生死的根本，知足为守道的根本；要离生死先除欲，要修正道先知足；不知足的人，修道永远不能有所成就。

传说中的佛子吕洞宾，本是由仙道皈依佛教的。一天，他想要试试人间众生的根机如何，是否可以度化？他化作一个老头儿的样子降临凡间，在路上正好遇到一个小孩子，就上前问道："小朋友！你希望得到什么吗？只要你把希望说出来，我都可以满足你。"

这个小孩心想，世间最贵重的就是黄金，有了黄金什么事都可以做，因此他就回答道："我希望有一块黄金。"

吕洞宾当即用手向身旁的石头一指，一块大石头忽然变成黄金，吕洞宾就说道："小朋友你把这块黄金拿去，作为我们的见面礼吧！"

这个小孩子被吕洞宾点石成金的情形愣住了，但他思索了一会儿，就说道："我不要这块黄金了。"

"为什么不要呢？"吕洞宾也被弄得莫名其妙。

"我要你的手指！"小孩子说。

"你要我的手指有什么用呢？"

"刚才你说要满足我的希望，这块黄金承蒙你给我，但一块黄金有用完的时候，若是你把手指给我，当我要钱用的时候，就可以点石成金了。"

这个小孩子贪得无厌，不识好人心，让吕洞宾着实失望，因此他自叹众生难度了。

星云大师曾说过：众生的"心无厌足，惟得多求，增长罪恶"是不容否认的，贪欲越多，增罪越多。可是大家都没有想到"大厦千间，夜眠几尺？积资巨万，日食几何？"在那些万贯家财的后面，不知隐藏着多少的罪恶！名誉高位之中，不知潜伏着多少陷阱！

世有贫富贵贱，但就贫富而论，有钱的人虽然衣食无缺，华盖重裘，但有时候为了人事的困扰，同样日夜不得安宁；没有钱的人，依然每日开开心心，安心自在，无钱一样可以挺起胸膛，此即所谓的"人穷志不穷"。这也就是说，人生的幸福快乐，贫与富并不构成绝对的条件。

有富贵的穷人、贫穷的富者之谓，所以，我们看到：有人粗茶淡饭不改其乐；有人富甲一方，仍然忧愁烦恼。深一层地说，如果心里拥有三千大千世界，那么即使身无立锥之地，却可感受到最大的富足！故富贵与贫穷其实只在一念之间。

一个富人和一个穷人在海滩上相遇了，富人问穷人："你在这儿干什么？"

穷人高兴地答道："晒太阳！"

"这么穷，还晒太阳，怪不得富不起来。天气这么好，你应该出去干活！等挣足了钱回来以后，再好好地享受海边的阳光吧！"富人一边挖苦一边劝说。

"可是先生，我现在晒着温暖的阳光，不是挺好的吗？为什么非要等到有钱以后再享受呢？"穷人反问。

有钱人百思不得其解，禁不住问道："难道你们穷人也会过得很快乐吗？"

"那当然，而且我想多快乐就有多快乐。"穷人答道。

其实啊，很多时候，我们之所以不快乐，是因为我们脑子里装有太多的私心杂念。抛弃这些杂念，你就会变成一个快乐的人。

贫富其实只在于心理上是否满足：有的人虽居天堂，如处地狱；有的人虽处地狱，若在天堂。只要知足，穷人和富人一样，可以尽情地享受海滩和阳光。

一个有钱人住的是高楼大厦，拥有种种最现代化的高级设备，生活真是富裕豪华。他家邻近有一间破旧小房子，住着一对贫穷夫妇，这对夫妇虽然生活并不富裕，但是夫唱妇随，生活相当愉快。可是住在楼上的有钱人家，总是要为公司的交际应酬感到困扰，为声势名利的维护感到闷闷不乐，心里就觉得纳闷："我这么有钱，为什么那么烦恼？隔邻住破房子的人家，不是歌唱，就是谈笑，为什么他们那样快乐？"

有人就告诉他："你要卖苦恼吗？只须拿出20万元送给他们，他们马上就会苦恼了。"

20万元，在有钱的人看来，实在算不了什么，好！他就慷慨地送给贫穷夫妻20万。贫穷的夫妇凭空得到20万元，最初他们欢喜得不得了。但是到了晚上他们开始烦恼钱要放到哪里呢？抽屉不保险！床底下也不太安全！枕头下面也不行。左思右想，夫妻一夜也没有睡着。过了几天，他们又为20万元该如何利用而吵架，夫妻几乎因此而破坏了多年的感情，后来他们一反省，才明白了原来这一切的烦恼都是钱带来的，最后他们把钱还给原来的主人。

贫富不能以有没有钱来衡量。人可以穷，但是内心不能穷。真正的快乐是内发而不是外铄的，一个人能从内心激发快乐的泉源，纵然住的不是华厦高屋，吃的不是琼浆玉液，穿的不是锦衣狐裘，但是处处感到知足无缺，快乐无比。这种发诸于内心，取之不竭、用之不尽的快乐，才是真正的快乐。

有人常常说："谈快乐，哪那么容易呢？我明明很痛苦，如何快乐得起来呢？"其实，我们之所以感到痛苦，原因在于不知满足。如果我们对万事万物能够知足，洒脱不钻牛角尖，快乐必然常随左右。

河岸边的树林里，住着一群鹦鹉。由于树林里美味可口的果子越来越少，鹦鹉们纷纷离开树林，移居到食物充足的地方。最后，只留下鹦鹉国王独守树林。这时候，尽管树林里的果子，全部被鹦鹉们吃了，鹦鹉王仍然很知足地啃食着不怎么美味的树皮、嫩叶。

帝释天知道了，想考验它的德行，便运用神通力让所有的树木全部枯萎。接着，帝释天化成一只白鸽，飞到了鹦鹉国王的身边。

白鸽问鹦鹉国王："看样子，这里已经无法再生长出美味可口的食物了。大家都离开了，你为什么还不走呢？"

鹦鹉国王回答："这一片树林养育了我，我不能只顾着自己，因为它不再提供美味的食物而抛弃它。只要这里还有丝毫的食物可以让我活命，我就绝不会离开这片树林！"

帝释天听了后大为感动，马上恢复自己的身份，并施以甘露水，令这片树林再度恢复到以往的繁茂。

现实中，有人家财万贯，却仍感到不足；而有人家无隔宿之粮，却自在逍遥。陶渊明不为五斗米折腰、颜回居陋巷而自得其乐，他们之所以不以生活的匮乏为苦，主要是因为他们懂得淡泊自明、知足少欲的乐趣啊！

明朝开国君主朱元璋，小时候曾在皇觉寺当沙弥。相传有一次朱元璋外出，回寺时夜已深了，寺门已经关闭，他不得已只好在寺外席地而睡。当他躺在地上，望着夜空满天星斗时，兴之所至，吟了一首诗，曰：

天为罗帐地为毡，

日月星辰伴我眠。

夜间不敢长伸足，

恐怕踏破海底天。

以天为罗帐，以地为毛毡，日月星辰伴我安眠，夜里还不敢把脚伸长，只因为怕踏破了海底的天空。由此可见，如果能够知足，虽是席地而卧，仍然十分旷达而安适。因此，只要我们的心灵具有"出污泥而不染"的功力，达到洒脱超然的境界，这世界上的任何地方都有可能是空净之地。

慈航法师曾说："只要自觉心安，东西南北都好。"但凡如此，宇宙之间，又有何处不是极乐世界呢？

穷者因多贪是真穷者

穷者因多贪是真穷者，贫者不知耻是真贫者，
富者能知足是真富者，贵者常助人是真贵者。

——星云大师《佛光菜根谭》

托尔斯泰说过："欲望越小，人生就越幸福。"

房子、车子、钱……世界上美好的东西实在太多，我们总是希望得到尽可能多的东西。其实欲望太多，反而会成为累赘。贪得无厌的人永不知足，其最后的结局往往就是自我毁灭。

托尔斯泰讲过一个故事：

有一个人想拥有一块自己的土地，上帝就对他说："清早，你从这里往外跑，跑一段就插个旗杆，只要你在太阳落山前赶回来，插上旗杆的地

都归你。"那人就不要命地跑，太阳偏西了还不知足。太阳落山前他是跑回来了，但已精疲力竭，摔个跟头就再没起来。于是有人挖了个坑，就地埋了他。牧师在给这个人做祈祷的时候说："一个人要多少土地呢？就这么大。"

人的欲望像个无底的黑洞，永远没有填满的一天。一个人即使赚了亿万财富，心被贪欲驱使，生活就享受不到富足的快乐。第一富有的人是谁？《佛所行赞》卷五记载："富而不知足，是亦为贫苦。虽贫而知足，是则第一富。"《涅槃经》亦云："少欲者，不求不取；知足者，得少不悔恨。"

清贫的生活，只要觉得心安。反观坐拥华厦的巨富，不知回馈社会，福利大众，身陷在"贪欲的火宅"，怎能听到清脆的鸟话，闻到花香呢？

人的欲望一旦达到"贪"的程度，往往就会乱了方寸，跨越不该跨越的界限，造成邪恶的后果。

有一只猫偷吃邻家的饭菜。第一次，它觉得心情不安，满心的罪恶感。它对着母亲的遗像忏悔说："妈妈，您从小教我要做一只清清白白的猫，不可以贪求人类的东西，我真该死，做了这种事。"它呜呜地哭着，心中不断告诫自己，以后不能再做小偷了。

第二次偷吃时，它开始自我安慰说："反正饭菜那么多，他们也吃不完，我不过是'帮忙'而已！"

第三次偷吃时，它理直气壮地告诉自己："谁叫他们不把饭菜收拾好，一再地引诱我上门，这不是我的错啊！"

第四次偷吃时，它还慷慨激昂地发表高论："猫的社会充满贫富不均，需要重新分配社会资源，我就是执行正义的使者。"

第五次，第六次，第七次……猫像个上餐馆点菜的顾客，大摇大摆地跳上桌子，大口享用邻人的饭菜。

　　暗路走多了，难免碰到鬼。有一天，猫被巡逻的警察发现。临上警车时，猫对着围观的群众说："我可不是小偷，我是一个高贵的正义使者。"

　　佛陀曾经说过，维系世间人伦的纲纪，就是"惭愧"，惭耻之服，无上庄严。可以肯定的是，猫在第一次偷吃时心里还是羞愧难安的，可这一份良知不久就被贪欲的潮水淹没了。

　　社会上，不乏偷盗、贪污、欺诈之徒，他们的心路历程和这只好偷吃的猫是一样的，一次又一次地为自己犯下的过错寻找各种借口。一个人如果没有羞耻心，什么坏事都可以做出来。

　　星云大师说过，慈悲之心人人都有，每个人的心里也都装有"仁义"二字，但贪欲是一把无形的锁，一旦让贪欲在心灵深处安家，那就会把"仁义"锁住，就会见利忘义、损人害己。古人说，人欲从初起处剪除。这话不无道理，最好的办法是不要让"贪欲"萌芽。否则，就像把魔鬼从"潘多拉魔盒"里放出来一样，要想再次把它"装进去"就难了。

存善欲，灭贪欲

　　　　贪婪瞋恚去除了，身心才能净化，
　　　　自私嫉妒远离了，心胸才会宽大。

　　　　　　　　　　　　——星云大师《佛光菜根谭》

正当的饮食男女、衣食住行的世间生活，不可以视为染污和邪恶的。但如果贪欲过度，淹没了自身，冲昏了头脑，那就多少有点邪恶之感了。比如用拳头帮人捶背，对方则会感谢，但如果用拳头打人，那就有罪了。所谓法非善恶，但"善恶是法"，我们希望今天的社会大众，多多发扬善法欲，去除染污欲。

鲁国宰相公孙仪喜爱吃鱼到了如痴如醇的地步。大家为讨他欢心，赢得赏识，无不争相买鱼馈赠，公孙仪毫不领情，一概不予接受。弟子感到疑惑，问："您那么喜爱吃鱼，为什么大家送来的鱼您都不肯接受呢？"

公孙仪笑道："就因为我爱吃鱼，才不能随便收众人送来的鱼。吃人口软，拿人手短，倘若收下了，人家有求于我时难免会徇私枉法，一旦徇私，有朝一日必将被罢职。唯有廉洁奉公，不受贿赂，就不会有被免职之险，还怕不能天天吃到鱼吗？"

嗜鱼却不受鱼，公孙仪不为贪欲所役使，严持道德操守。因为他明白，唯有不白吃别人的鱼，他才能安稳地自己买鱼吃，这样的觉醒也是菩萨喜舍心的具体体现。

提到喜舍心，《大智度论》阐释："修喜心，为除不悦乐故；修舍心，为除众生中爱憎故。"

身居高位的公孙仪不受馈赠的背后，是一种舍弃贪爱的修养，是一种护念他人不起爱憎的真心。

有个仙人收了两个徒弟，为了让他俩修得仙道，就把他们完全与女色隔绝。等到两人20岁左右的时候，仙人想试一试他们的道心，就把两个徒弟带到一个热闹的都市走了一遭。

"仙师，那个是什么呀？"小徒弟手指一个婀娜窈窕的年轻女郎问，因为他之前还没有见过女人。

"是吃人的老虎。"仙师说。

等回到深山，仙人问："徒儿们，你们玩了一天，觉得什么最可爱呀？"

"吃人的老虎最可爱！"师兄弟都这样回答。

"没有出息的东西！"仙人气得把他俩都逐出门。

星云大师《大般若经》说："身病有四，谓风、热、痰及诸杂病，心病亦四，谓贪、嗔、痴、慢等病。"

人生的大病，在佛法里说，就是时时刻刻盘踞在我们心中的贪、嗔、痴。有些人活在世上，不是想要拥有汽车别墅，就是想要拥有美女娇妻；不是追求名利富贵，就是追求珍馐美味。这些妄想的念头就是我们人生的贪病。

当然，"贪"不一定完全是坏的。比如，贪求广博的知识、学问的渊深，或是贪求为亲人多些付出、为社会多些贡献。不过，像学问、知识、付出、贡献，都是利人利己的，是人生无价之宝。真正的贪是自私的，是损人利己、自私贪婪的欲望。

人为了贪求眼前的一点儿享乐或一点儿私利，往往父子成仇，朋友反目；黄金、美色、名位当前，什么义理人情、道德公道，一概都可不顾，只为满足贪的欲望。这种贪欲岂不是人生的大病？

春秋时，宋国有一个人得到一块美玉，献给做官的子罕，子罕坚持不收。

那个人以为子罕不识货，就明白地告诉他说："这是一块宝玉啊！"

子罕道："你以玉为宝,而我以不贪为宝，如果我接受了你的美玉，我们都失去了自己的宝贝，不如各守其宝吧！"

　　人生并不需要太多的财富，智者把这些财富统统视为身外之物。身外之宝再多，不若心中的一念知足，贪欲之人即使再富有、宝再多，仍是富贵的穷人。唯有"知足常乐"，才是真拥有真正的奇宝。

　　世间人各形各色，不乏骗子充斥人群。被人骗了，如果尚能承担，还算小事，人生最大的愚事，是自己骗自己。如何从蒙骗中解脱出来呢？唯有放弃虚妄、贪婪，回归自我的真实面目，才能不骗人，也不为人所骗。

　　贪心，是永远无法满足的，世间上的金钱物质是有限量的，可是欲望是无穷的！贪欲的人即使金钱再多，都是富贵的穷人，唯有"知足常乐"，回归自然的简朴生活，才算富有。所以，贪欲是贫穷；不贪为富，不贪为贵，不贪才是宝啊！

　　贪欲的人心需要净化，沦丧的道德需要重整，失落的良知需要找回，如此社会才能安定、和谐。

少欲无为，身心自在

　　觉知多欲为苦。生死疲劳，从贪欲起；少欲无为，身心自在。

——星云大师

　　欲望太多会导致贪婪，想要驱走贪婪，只能从内心的满足开始。能做到少欲知足的人不但没有痛苦、没有疲劳，还会获得身心真正的自在和满足。

许多人身处逆境，坎坎坷坷，但最终还是靠自己的努力走向了成功。而还有些人却被贪欲所左右，迷失了前进的方向，以致终身与成功无缘。有些人本来是良善之人，但往往因不能克制自己的欲望，让贪婪之心变强大，最终邪恶战胜了善良，好人变成了恶人。

其实，人贪念中的那些东西，不过是暂时寄托于你的，生不带来，死不带去。即使你腰缠万贯，一天也只能吃三餐，一次也只能睡一张床，谁也无法拥有全世界。只有让自己淡泊处世，获得内心的充实，才能拥有富足的人生。

有一位比丘，过着相当简单而知足的生活。

他经常在化缘时，回到他原来居住的村落，随缘接受布施;然而村落如有举办大型仪式、庆典，或者是斋僧供养，他却尽可能地回避，不前去参加。

其他比丘看到了，对他的行径感到很不以为然，便向佛陀报告此事。佛陀把那位比丘叫到座前，要他说明此事。

那位比丘说道："我虽然常去自己熟悉的地方托钵，却不在于食物的美味与否。只要足够了，我就离开。"

佛陀听了后，便赞叹他的少欲知足，并勉励大家应效仿这位比丘的淡泊自持。

芸芸众生，大家大都是平凡的人，行色匆匆地走在物欲、名利的纷扰之中。面对物欲、名利，不需要具有庄子梦幻般的哲思，也不需要你像陶潜般隐居山林，你需要的是一点点佛性，一点点超脱，一点点认知。这样在竞争和纷扰中，你才会获得为自己找到内心的满足，生活得宽心、自在。

《涅槃经》说，"少欲者，不求不取;知足者，得少不悔恨。"这句话蕴含着深刻的人生哲理。古往今来，被难填的欲望葬送的贪婪者，多得数不胜数。

张、王二人相约出游，他们在路上捡到一块金元宝，大喜，商量结果，公平均分。路上，姓张对姓王的说道：

"这一块金元宝，让我们遇到，是当地城隍老爷有眼，给我们发财的机会，我们应该买些酒菜到城隍老爷的面前拜拜，感激他的恩惠。"

"这样很好，你去买菜，我在城隍庙前等你。"姓王的也很欢喜这么做。

但此刻二人心中各怀了鬼胎。

姓张的心中想："这块金元宝，两个人分，一人只有一半，这一半能用多久？"

姓王的心中也想："这块金元宝，两个人分，一人只有一半，这一半能用多久？"

贪欲心里起，恶向胆边生。

姓张的想在酒菜里放些毒药，害死姓王的，他好一个人独得那一块金元宝！姓王的见到城隍庙中无人，准备了一把斧头，想害死姓张的，他好一个人独得那一块金元宝。

张、王二人自以为想得妙计，对方决不会知道。

当姓张的酒菜买来，正在向城隍爷求拜的时候，想不到姓王的一斧头从脑后砍来！

姓张的死后，姓王的欢喜非凡，正想拿着金元宝逃之夭夭的时候，忽然觉得饥肠辘辘，他想何不将供在城隍爷前的酒肉拿下来充饥。他一人自斟自酌，忽觉天旋地转，药性发作，不久就一命呜呼了！

张、王二人因为贪欲过大，都想独得金元宝，因此萌发害人之意，没想到却害了自己！这是因果现报，也说明了一切罪恶都是从贪欲生起的。

俗语说："横财不发命穷人。"本来财富并不是靠贪欲而能得到的，发财要有发财的福，没有福，硬是想满足贪欲，求富求贵，其结果都是很悲惨的！

人如果一味追求欲望，就会追求越多，失望越多，永远处于烦恼之中。如何能像传说中的布袋和尚那样笑口大开、知足常乐呢？这就要我们"看得破，有得过"：一方面要讲究随缘随喜，一方面保持内心的满足。不要在有限中自寻烦恼，要以出世的思想过人世的生活，才不会为物所役！

> 日出东海落西山，愁也一天，喜也一天。
>
> 遇事不钻牛角尖，人也舒坦，心也舒坦。
>
> 每天领取养老钱，多也喜欢，少也喜欢。
>
> 少荤多素日三餐，粗也香甜，细也香甜。
>
> 新旧衣服不挑拣，好也御寒，赖也御寒。
>
> 常与知己聊聊天，古也谈谈，今也谈谈。
>
> 内孙外孙同样看，儿也心欢，女也心欢。
>
> 全家老少互慰勉，贫也相安，富也相安。
>
> 早晚操劳勤锻炼，忙也乐观，闲也乐观。
>
> 心宽体胖养天年，不是神仙，胜似神仙。

这是赵朴初先生写的《宽心谣》。我们细细品味，如嚼橄榄。我们不仅能欣赏到流畅的节奏，更能感受到词意的深刻。如果我们能凡事随缘，则心量如同虚空界，世间没有解决不了的问题，没有跨不过去的沟坎。

经常有人为了一句话而心生烦恼，为了一件事放不下，好几天吃不下饭。人与人之间经常因为误会，而彼此相互"感冒"。星云大师不但不

第一章 知足常乐，随缘是福
——星云大师谈知足

"感冒"，而且还能治"感冒"。经常有人和他一席话后，便心开意解，看透事情，不再计较。因此，大家都说他是治"感冒"的专家。其实，星云大师用的妙方，不过是凡事皆随缘，遇事自宽心。

星云大师也说："花钱买苦也心甘。"俗语亦云："不吃苦，就不能做佛祖。"自古圣贤多磨难，佛陀六年苦行，达摩九年苦苦面壁；王宝钏十八年苦守寒窑，方苦尽甘来；苏秦悬梁刺股，遂名动天下。因此，苦是人生的增上缘。只有经历了苦难的磨练，才会有坚忍不拔的毅力、一往直前的勇气和排山倒海的气魄，才会有获得成功的资质。

苦难就是人生的历练，只有经过了苦难的折磨，才会有刚毅不屈的品格，才会有不达成功不罢休的毅力，才会有对人生新的感悟和知足。

有一个人由于船艇发生故障，独自在海上漂泊了二十多天，靠着雨水和飞鱼，艰苦的维持生命。

获救之后，别人问他内心的感受如何？

"我只要有足够的食物能填饱肚子、有充足的饮水可以解渴，我这一辈子就心满意足了。"这人回答。

在最艰难的情况下，任何一点儿东西都会让我们觉得心满意足。如果我们失去当初单纯知足的心，反而生出无穷无尽的苦恼。

人们常把人生比做一次旅行，在这场旅行中，不乏苦难，我们要跋山涉水、走狭路、过险桥。不够坚强的人，面对这些困难时，就难免会匆匆结束这次旅行，提早承认自己的失败。而假如我们足够坚强，坦然迎接这些风险，最终定能到达风光明媚的目的地。

当我们卸下行装，洗去风尘，在欣赏留恋美景的同时，更多地收获了快乐，那一刻我们无限的知足。因为所有的苦最终都是"伟大"的，就如星云大师所说的那样："'伟大'，是多少辛苦和努力换来的赞美词。吃苦就是吃补，诚信然也！"

对于如何化解苦难，星云大师也有这样的体悟："面对具有挑战性的生活，吃苦就是一种希望。有时候苦的东西，如果你悟通了，就不再是苦。所有的历经的苦都是一种弥足珍贵的人生经验，是一种体验，而不会是苦。"

的确，人间的苦苦乐乐，如果我们都把它看作理所当然时，我们就会坦然面对。当你为了欣赏高处的风景而去努力攀登，付出了汗水后，才能收获吃苦后的那种满足，那种惬意，那种快乐。

谁不知足，谁就不会幸福，即便他是世界的主宰也不例外。世界上没有永远的苦难，只有满足与不满足。满足你就富有，不满足你就永远贫穷！

第一章 知足常乐，随缘是福
——星云大师谈知足

第二章　万法相互缘起，世事不必强求

——星云大师谈宽容

我们的心胸有多宽广，就能包容多少事物。身体固然是我的，国土、众生、地球也都是我的。在大自然的世界里，树木因为承受风吹雨打，所以浓荫密布，众鸟栖息；海水因为不辞百川，所以宽广深邃，水族群集；人，也唯有秉持"不比较，不计较"的胸怀，才能涵容万物，罗致十方。

——星云大师

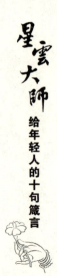
心胸宽大者能广

心胸宽大者能广，心田宽大者能有，

心海宽大者能容，心量宽大者能空。

——星云大师《佛光菜根谭》

一提到"心宽"，人们就会想到"心宽体胖"这个成语，这里所说的"胖"并不是指身体肥胖，而是指身体强壮。事实上，宽容者身心都会很强健，他们往往更容易发展自己的事业。因为常有宽容之心，给别人留余地的同时，也给自己添善缘，使自己面前的路更为宽广。而那些小肚鸡肠、气量狭窄、难容别人的人，往往经不起任何挫折和失败，所以他们也很难获得成功。

一天，一位法师正要开门出去时，突然闯进一位身材魁梧的大汉，狠狠地撞在法师身上，把他的眼镜撞碎了，还戳青了他的眼皮。那位撞人的大汉，毫无羞愧之色，理直气壮地说："谁叫你戴眼镜的？"

法师笑了笑没有说话。

大汉颇觉惊讶地问："喂！和尚，为什么不生气呀？"

法师借机开示说："为什么一定要生气呢？生气既不能使眼镜复原，又不能让脸上的淤青消失，苦痛解除。再说，生气只会扩大事端，若对你破口大骂或打斗动粗，必定会造成更多的业障及恶缘，也不能把事情化解。

"若我早一分钟或迟一分钟开门，都会避免相撞，或许这一撞也化解了一段恶缘，还要感谢你帮我消除业障呢？"

大汉听后十分感动，他问了许多佛的问题及法师的称号，然后若有所悟地离开了。事情过了很久之后，一天法师接到一封挂号信，信内附有5000元钱，正是那位大汉寄的。

原来大汉年轻时不知勤奋努力，毕业之后，在事业上高不成低不就，十分苦恼，婚后也不知善待妻子。一天他上班时忘了拿公事包，中途又返回家去取，却发现妻子与一名男子在家中谈笑，他冲动地跑进厨房，拿了把菜刀，想先杀了他们，然后自杀，以求了断。

不料，那男子惊慌地回头时，脸上的眼镜掉了下来，瞬间，他想起了师父的教诲，使自己冷静了下来，反思了自己过错。

现在他的生活很幸福，工作也得心应手了。特寄来5000元钱，一方面为了感谢师父的恩情；另一方面也请求师父为他们祈福、消业。

这个故事告诉我们，宽容是一条链接人心的纽带，让人们彼此体谅，互留空间，也互结善缘。法师的宽容带给了大汉对人生的顿悟，使他学会了宽容之心去待人接物，最终也成全了自己。

其实，生活中的人们，也应该像法师那样能够包容一切。人的心原本就应该是宽广的、纯洁的，如果你在心田里滋长善根、种植功德，你就不会计较生活中鸡毛蒜皮，遇到点儿麻烦、吃了点儿亏没什么。一般人眼里的困难和挫折，在你内心根本不会引起强烈的波动，因为你的心就是那像大海一般蕴藏着无限能源的宝藏啊。

做到了这些，如果你还不成功、不壮大，恐怕连上帝都不会答应的。

目前，人类文明正呈现多样性、多元化走势，正像各个大陆板块上孕育不同文明的水系：密西西比河、尼罗河、多瑙河、恒河、黄河，最终是百川归海，九九归一。同样，东西方文化终将融会贯通，你中有我，我中有你；东西方社会进步的路径，也将是殊途同归，长安罗马，大道相通。

二次世界大战时，日本偷袭珍珠港，虽然枪火大炮摧毁了美国的军事实力，但征服不了美国人。反而是现在，日本的丰田汽车出口到美国，几乎占领一半以上的美国市场，征服了美国的交通、经济。不过美国人并不认为这样不好，因为商品总是要经过市场的检验，全世界的国家彼此都在互相观摩，互相吸收对方的文化。

俗话说"海纳百川，有容乃大"，越伟大的国家，就越有"泰山不辞土壤，大海不弃细流"的胸襟。现在西方文化在世界上所占据的阵地越来越大，但有见地的西方学者也意识到这不利于人类的均衡发展。东方人也应看到这种差距的内因还在于我们自身，要从制度上和方法上增加东方智慧及力量的比例。此外，我们也应当看到，文化虽有地域属性，但文化的受益者却是全人类。

经云："一花一世界，一叶一如来。"在沙石中可以见到三千大千世界，万物都能相互包容，我们对于不同的民族、不同的国家、不同的宗教、不同的身份，为什么不能相互包容呢？

星云大师说："有一种极端的观点，叫'人对人是狼'"。冲突论者说，同行、同事都是你的对手。文化与文化、国家与国家、企业与企业之间，从本质上说都是竞争关系。世界上只有黑白两种颜色，各自都在千方百计地想吃掉对方，并已下定了"不是鱼死，便是网破"的决心。

其实不然，我们在社会上，有朋友，也有敌人。人生最大的敌人是自己，病痛是自己的敌人，烦恼是自己的敌人。疾病虽是敌人，也要治疗它，甚至"与病为友"；烦恼虽是敌人，也要面对它，更要"转烦恼为菩提"。

只要你有了一颗包容的心，任何烦恼都会轻轻化解，任何敌对都会变成拂面春风，你的人生就会处处沐浴着和谐的光辉。

有两户人家紧邻而居，张家的人相处融洽，过着美满的生活，李家的人，三天一大吵，五天一大闹，搞得鸡犬不宁，无法安静生活。

有一天，李先生好奇地跑来问张先生："为什么你们一家人从不吵架，能够和睦相处呢？"

"我们家都自认是坏人，所以能互相忍耐，相安无事，而你们家都自以为是好人，因此争论不休，常常打架。"

"这是什么道理呢？"

"譬如茶几上摆着一个茶杯，有人不小心把它打破了，不仅不肯认错，还理直气壮地大骂'是谁把茶杯摆在这里的？'放杯子的人也不甘示弱地反驳'我放的又怎样，是你不小心打破的'两人彼此不退让，自以为是好人，僵持不下，当然吵架了。反过来，打破杯子的人如果能够道歉'对不起，是我疏忽了。'对方听了也马上回答：'这不怪你，是我不应该把茶杯放在那里。'彼此肯承认自己的过失，互相礼让，怎么会吵架呢？"

"人间佛教"非常重视人际间的相处，然而人和人的相处却不容易，时时会有争执、吵嘴、误会，纠纷不已。星云大师提出问题的解决之道，那就是提倡"你对我错"、"你大我小"、"你有我无"、"你乐我苦"，凡事退让一步，多尊重他人。表面上看似自己吃亏，实际上却是占便宜的，因为我错、我小、我无、我苦的世界，没有争执怨恨，心里坦荡宽容，很多问题都能迎刃而解，省去了许多麻烦。

佛经中说：以怨报怨，永远不能息怨；唯有以德报怨，才能结束一切冤怨的根本。如果你有仇敌，请你以后用道德去感化他，不要生起怨恨心，因为以怨报怨，永远不能化敌为友。

耶稣说："爱你的仇敌"，佛陀鼓励人要"怨亲平等"。泰山不辞土壤，所以才能成其高，大海不择细流，所以才能成其大。我们做人处事，要不念旧恶、不计前嫌、不妒人有、不瞋人好。心量大的人，做事自然会得到人助，自然能成其大业。因为"有容乃大"，睽之古今人事，诚乃不虚之论也。（星云大师《豁达：做人之道》）

包容是做人的修养

包容是做人的修养，

柔和是处事的良方。

——星云大师《佛光菜根谭》

宽容是一种修养。俗话说："忍得一时气，免得百日灾。"忍耐可以免去很多灾祸和不必要的麻烦。但是，仅把这种痛苦的感觉抑制住，不使其表现出来的"忍耐"是不够的，还须佐以"不计较"和"不追究"的宽容。

春秋时期，齐国的管仲和鲍叔牙交情深厚，成为友谊的典范，史称"管鲍之交"。起初，管仲是个落寞的贵族，被国君轻视，流落他乡。到了齐国，遇到了鲍叔牙。

当时的鲍叔牙很受齐国国君的赏识，是很能干的大臣。管仲来了之后，鲍叔牙把他推荐给齐国国君，并说："仲之能在我上。"意思是管仲的能力比我还厉害。国君很信任鲍叔牙，因此管仲也大加重用。管仲是个非常有才能的人，在他的辅佐之下，齐国日益强大起来。而他也逐渐得到晋升，最后竟比鲍叔牙的官位还要高。因而有时候难免要对鲍叔牙发号施令。

有人对鲍叔牙说："管仲当初那么落寞，是您把他引荐给国君，才有了今天的地位。可是您看他现在，对您颐指气使，完全忘了您当初给他的恩惠了。"

鲍叔牙笑着说："他还年轻，有年轻人特有的不羁。为了齐国的强盛，这些我都是可以忍的。"

管仲听说之后，亲自来拜见鲍叔牙，为了感谢也为了谢罪。最后，两人同心协力治理齐国，终于让齐国成为了春秋五霸之一。

鲍叔牙的宽容不仅体现了他的修养，更为齐国的强盛做出了贡献。宽容是一种艺术。在生活中，如果能够把这种艺术发挥出来，人与人之间的将会更加和谐。

拾得禅师与寒山是莫逆之交。

一天，寒山问拾得："如果世间有人无端的诽谤我、欺负我、侮辱我、耻笑我、轻视我、鄙贱我、恶厌我、欺骗我，我要怎么做才好呢？"

拾得回答道："你不妨忍着他、谦让他、任由他、避开他、耐烦他、尊敬他、不要理会他。"

寒山再问道："除此之外，还有什么处事秘诀，可以躲避别人恶意的纠缠呢？"

拾得回答道："弥勒菩萨偈语说，老拙穿破袄，淡饭腹中饱。补破好遮寒，万事随缘了；有人骂老拙，老拙只说好。有人打老拙，老拙自睡倒；有人唾老拙，随他自干了。我也省力气，他也无烦恼；这样波罗蜜，便是妙中宝。若知这消息，何愁道不了？人弱心不弱，人贫道不贫。一心要修行，常在道中办。如果能够体会偈中的精神，那就是无上的处事秘诀。"

弥勒菩萨的偈语，其实就是一种忍耐精神。不光是佛家，中国的儒家和道家也都非常强调忍耐，只有忍到最后一刻才会发生意想不到的变化，才能有希望看到转机。

"大肚能容，容天下难容之事；开口便笑，笑天下可笑之人。"星云大师取这副对联中的"大肚能容"来训示世人：一个人能否做出一番大事来，要看他是否有可忍百事的肚量。能否容忍凡人所不能容忍，往往决定了一个人能否在人生路上更进一步。

宽厚待人，善莫大焉。和朋友、同事、上下级相处，宽容就是取人之长，容人之短。多一点儿宽容，就多一种人生技巧，多一种人生智慧。

"人情反复，世路崎岖，行不去处，须知退一步之法，行得去处，务加让三分之功。"

"处世让一步为高，退步即进步的张本；待人宽一分是福，利人实利己的根基。"

以上两句经典的话出自《佛光菜根谭》。这些经典话语告诉我们，在人生的阻碍面前，以退为进，是最好的策略。很多时候，小小地退让一步，包容对方，人生会更加安然自在，更加风光无限。

当然，这里所说的退让，退是以退为进，不是无骨气退缩；让，是恭敬谦让，不是无原则的忍让。

战国时期蔺相如和廉颇的故事就是一个以退为进的典范。蔺相如虽是门客出身，但他以超人的勇气和智慧，让赵国的镇国之宝和氏璧在秦王眼皮下遛了一圈又完整地回到了赵国，功盖朝廷；后来，在秦赵两国的渑池之会上，当赵王处境非常尴尬之时，他又凭借自己的睿智和胆略，帮助赵王摆脱了受辱的困境，维护了国家的尊严。由于其功劳显赫，得到赵王的重用和封赏顺理成章，天经地义。可是，生性刚直粗犷的廉颇却偏偏对蔺相如很不服气，扬言一定要找个机会羞辱位居自己之上的蔺相如。而蔺相如听说后，不但没有嫉恨和报复，反而为了避免发生不愉快，宁愿一直躲着廉颇，即使是两人的马车在路上不巧相逢，蔺相如也让车夫退避以礼让廉颇。蔺相如以如此忍让的宽厚和仁义回报廉颇的盛气凌人，最终感动了廉颇，使廉颇意识到自己的小肚鸡肠和无理取闹的不仁。后来，惭愧难当的廉颇亲自到蔺相如府上负荆请罪，请求蔺相如的原谅和惩罚，原来不睦的文武大臣终于消除了仇隙和误解，从此结为生死之交，在战国后期风雨飘摇的形势下，共同支撑和维护着赵国的江山社稷。

蔺相如乃大家风范，全无私心杂念，故对世事看得透彻，他的退让和包容深入人心，令廉颇惭愧，最终使事情有一个美好的结局。

人的一生中，不可能全都一帆风顺，种种碰撞摩擦和令人不快的事情几乎会发生在每个人的工作或生活中，但它们作用于不同人的身上，结果却大不一样。只有像蔺相如那样的宽容大度者，才可以洞察万象、映现一切。

明朝时，有一个吏部尚书郭朴，为人清高廉洁，颇受时人推重。有一次，他接到家中弟弟捎来的书信，信中提到邻里建屋，与他家互争一墙之地的情形。这件事已经缠讼多年，始终无法获得解决。所以，弟弟想请哥哥以朝中大臣的名义，向地方县官施加压力，如此一来，定能平息纷争。
郭朴看完，笑了笑，只写了一首诗答复他的弟弟：

> 千里捎书为一墙，
>
> 让他几尺又何妨？
>
> 万里长城今犹在，
>
> 不见当年秦始皇。

弟弟收信一看，猛然醒悟，于是主动让出一墙，想不到邻居也是客气地让出一墙。两家彼此让出一墙，便在原地空出一条巷道。后人便将该处称为"仁义巷"，此事也成为地方佳话，传诵不已。

人我是非面前，让出三分，正所谓"回头是岸"，才是人生至真至贵的境界。人生不能只是往前直冲，很多时候，若能退一步后细思量，往往会有海阔天空的乐观场面。

游览寺院，常常可以看到一尊背着布袋、大腹便便的和尚塑像，人们通常称之为"弥勒佛"。这弥勒佛其实就是唐朝布袋和尚的化身。

布袋和尚有一首很有名的诗，也表达了退让的智慧：

> 手把青秧插满田，
>
> 低头便见水中天；
>
> 六根清净方为道，
>
> 退步原来是向前。

这首诗告诉人们，真正低下头来，虚怀若谷，才能真正认识自己、认识世界。传说这布袋和尚心宽体胖、笑容迎人，时常背着袋子在社会各阶层行慈化世，这首诗就是他跟农夫一起工作时心有所感而做的，该是何等的悠然自得啊。

心若无求，人自平安

> 人若无求，心自无事；心若无求，人自平安。

——星云大师

在生活中，很多人关心最多的问题，就是自己的地位如何。诸如在家庭里的地位、在公司里的地位、在朋友中的地位、在亲人中的地位等等，总要求得一个合乎自己身份的地位。

殊不知，只有不计较眼前的荣辱得失，才能更好地把握人生的方向，前进的道路才能越走越宽，越走越远。

其实，在生活中我们都是有得有失、得失参半的：经商有赚有赔；事业，有起有落；计划有成有败；比赛有胜有负；股票有涨有跌；成绩有高有低；地位有上有下；际遇有好有坏。

人生一世，怎能要求自己总是一帆风顺，平步青云呢？只是这得失之间，你是欢喜，还是悲伤？

有只老鼠在佛塔安家，每天享受丰富的供品。每当善男信女们烧香磕头时，老鼠暗笑：人类不过如此，说跪就跪下了，处在我的脚下呢！一天，野猫闯进来，将老鼠抓住。老鼠连忙声明："你不能吃我，你应该向我跪拜，我代表着佛！"

野猫讥讽它："人们跪拜，是向着你所占的位置，不是向着你！"

人生一世，草木一秋。人们要抓紧每一天，快乐地度过一生。草有荣枯，人生也难免有荣辱，有得失，这些如同前进道路上的绊脚石，阻碍着人们的前进。

日本一位家庭主妇因为女儿没有考上明星幼稚园，愤而将邻居考上的女童勒死；旧金山一位学生因为课业繁重，而杀死逼他读书的母亲；浙江省一名女因遭男友抛弃，把所有和男友来往的女性朋友下毒害死；台湾高雄县一名员工因为老板怀疑他偷工减料，怨恨在心，引发杀机。

细细分析，这些都是因为得失心太重而引起祸端！得失心，可以说是每个人都有可能面临的考验，但得失是一时的，理想却是一生的，千万不要因一时的得失而影响一生的期许。

"寄蜉蝣于天地，渺沧海之一粟。"在人类历史的长河中，我们每个人的生命都是渺小而短暂的。倘若整天计较个人的得失，事业无心，贡献无多，更有甚者，终成酿成祸端。

据说，天堂和地狱中间只隔了一道墙。有一天，台风把这道墙吹倒了，天堂的玉皇大帝和地狱的阎罗王非常着急。双方研究，天堂和地狱各推出三个代表：一是银行家，因为要建筑这道墙，必须有财源；二是建筑师，因为筑墙是一项工程，必须由工程专家来负责；三是律师，这墙建好了以后，要研究其所有权，天堂和地狱各占多少。

阎罗王很快派出了三个代表，玉皇大帝却久久派不出代表来，只好抱歉地说："我在天堂里面找来找去没有这三种人才。因为银行家是专门剥削人的钱财，他们是不会生在天堂的；建筑师偷工减料，有那么多的罪过，不会生在天堂；律师专门挑拨离间，唯恐天下不乱，所以他们也不会生在天堂里的。"

人们一般都把这个故事当作一段笑话来讲。的确，生活中这样的银行家、建筑师、律师有很多。他们的这些为人鄙薄的欺诈行为，为自己聚敛了大量的非法财富，但很明显，他们的这些"得"，远远小于他们的"失"。

纣王因为得到美丽的妲己，丧失了国家，是得还是失？秦始皇统一六国，最后引起诸侯战争，以致亡国，是得还是失？爱迪生因为被老师打了一个耳光，终致耳聋，所以能够集中意志，发明电力，创造了人生的辉煌，那么他的耳聋，是得还是失呢？

"塞翁失马，焉知非福"，不在得失上太过认真计较，不过分地追求富贵荣华，笑看荣辱得失，人生之路上，你会更加轻松、愉悦。

汉朝时，一位叫刘宽的年轻人生性温和，很有修养。

一个下午，邻居跑到刘宽家里，为了自己丢失的一头牛，与他理论："你怎么把我家的牛牵来呢？"说完，便不分青红皂白地把刘宽的牛牵了走。刘宽一句话也没说，任凭这位莽撞的邻居将自家的牛牵了去。

过没几天，邻居找到了自己的牛，因而对前几天的行为觉得惭愧，便将硬从刘宽家里牵来的牛牵还给他。

刘宽也只是说："这头牛是我的呀？真谢谢你！真谢谢你！"

生活中，人们面对别人的责怪、讥讽、误会，甚至谩骂、毁谤时，能像刘宽那样平心处之、安然面对吗？恐怕很多人做不到，面对别人的无礼行为，很多人通常是不服输地还以颜色。

一个人如果能够把外界的闲言碎语当作耳边的一阵清风，任它吹来吹去，心不为之有任何涟漪，这样，你就一定能省却很多烦恼，拥有一个清静圆满的人生。

其实，事情总有真相大白的时候，宽以待人，留以余地，不过分计较，事情最终会水落石出，呈现云淡风轻的动人美景。

有名的药山禅师有两个徒弟，一个是道吾禅师，一个是云岩禅师。有一天，师徒三人论道，山边正好有两棵树，一棵高大茂盛，一棵枝折叶枯，药山禅师就指着那两棵树问：

"这两棵树，到底是荣的好？还是枯的好？"

道吾立刻回答："师父，当然是荣的好。"

云岩却说："我觉得枯的比较好。"

两人正讨论未决时，高沙弥来了，药山禅师以同样的问题问他，高沙弥不疾不徐地答道：

"荣的任它荣，枯的任它枯。"

后人将这段公案以一首诗形容：

云岩寂寂无窠臼，灿烂宗风是道吾；

深信高禅知此意，闲行闲坐任荣枯。

面对高僧的问题，高沙弥高于其他两个徒弟的地方不一定是渊博的知识，而是心胸的博大和过人的见识，云岩大徒弟、道吾小徒弟，其实都只对了一半，而高沙弥能看透荣枯、好坏、美丑的对立，高屋建瓴地看到了人生的全貌。

其实，以上两个故事给我们的启示是，无论是书生刘宽，还是姓高的小沙弥，都做到了不斤斤计较一城一地的得失，生活中的得于失，毁与誉，荣与枯，悲与乐，他们都能以智慧拨去头上浮云，使心空永远是一片皓皓明月、朗朗晴空。

正如《指月录》中为人们所开示的那样，"是非憎爱世间多，仔细思量奈我何，宽却肚肠须忍辱，豁开心地任从他"。智者深明，不会过于计较，不论是非好坏，不分别善恶，不过分地精明，为人厚道、心存体谅、遇难包容，将是非善恶付之于忍耐当中，付之于哈哈一笑之中。只有这种不计较的人生，才能随缘自适、随境自在。

我自宽心自持

世人纷扰为利，我自宽心自持。

——星云大师

一个人内心不安，往往是因为主观上有了对欲望的渴求，或者有了令人不快的想法。要想做到心安，必须从内心深处把握好自己，不去胡思乱想，不去自寻烦恼。人的内心世界的最高境界是心如止水，任凭外面狂风乱舞，我自岿然不动。

有一则著名公案：

六祖慧能得法后辗转至广州法性寺。一日，风吹旗幡，幡随风飘动，有一僧说是"风动"，另一僧反驳说是"幡动"，二人争论不休，于是六祖走上前对他们说："既不是风动，也不是幡动，而是两位仁者的心在动啊！"

这个公案告诉我们：如果内心能定能静，就不会随外境而变动，也就不会执著究竟是风在动还是幡在动等小小的分别知见了。

星云大师讲过这样一个故事：

有个女生到佛光山找我，神情沮丧。我问她发生了什么事，她哭哭啼啼，很伤心地说："那个人太坏了……"语未毕，泣不成声。我劝她先不要激动，有什么话慢慢说。她抽噎地说："我在市政府机关里服务，有个

男同事很爱我，我们相爱有一段时间，后来被他的太太知道了，希望我和她的先生断绝来往，但是我不能没有对方。我也曾经要求对方和我结婚，但是他又放弃不下妻子儿女。既然不能和我结婚，为什么又要玩弄我的感情呢？我觉得世间太不公平了，人心太虚伪了！"

在生活中，金钱、物质可以买动你的心；美貌、爱情可以打动你的心；名位、权势也可以动摇你的心……我们的心常会被金钱、爱情、名位、权势牵着鼻子走，欲望越多，苦恼越多。但如果你不是心有所驻，就不能有泰山崩于前而面不改色的修养。

一个叫乐天的老和尚,每天都乐呵呵的。有个小沙弥感到好奇和羡慕，就寻个机会问乐天和尚："师父，我看你每天都乐呵呵的，有什么诀窍吗？"

"什么诀窍也没有"乐天和尚笑眯眯地说，"我这张被阳光抚慰过的脸，就像花朵开花一样，自然而然地就笑了。"

小沙弥就说："阳光怎么不抚慰我呢？我怎么就笑不起来呢？"

"那是因为你没有抚慰阳光"乐天和尚依然笑眯眯地说，"其实，阳光对每个人都是一样的，我经常看到你的脸也满是阳光的。"

小和尚就更加迷惑了，不解地说："阳光怎么抚慰呢？"

"珍惜每寸光阴，不虚度每一天"乐天和尚还是笑眯眯地说，"早晨迎接朝阳的升起，傍晚目送夕阳的余晖，不就抚慰阳光了吗？"小和尚终于明白了乐天和尚的开导，舒心地笑了。

其实阳光一直抚慰着每个人的脸。

但并不是每个人都像乐天和尚那样能够感受到阳光的抚慰并尽情地享受快乐。这是因为人们欲望太多，心灵不够纯净和安宁，以至忽视了阳光的存在，当然更不会有心情去抚慰阳光。

一次，赵州禅师和弟子文偃禅师打赌，谁能够把自己比喻成最下贱的东西，谁就胜利。

赵州禅师说："我是一头驴子。"

文偃禅师接着说："我是驴子的屁股。"

赵州禅师又说："我是屁股中的粪。"

文偃禅师不落后说："我是粪里的蛆。"

赵州禅师无法再比喻下去，反问说："你在粪中做什么？"

文偃禅师回答："我在避暑乘凉啊！"

人们认为最污秽的地方，禅师却能逍遥自在。看来这世界上的任何地方都有可能是空净之地，只要你的心灵具有"出污泥而不染"的功力，你永远能够笑看世上的一切荣辱得失，而又不被任何人、任何物所左右、所撼动。

还有一个故事：

有一天，觉广禅师走过庭院时，一阵狂风吹来，把树上的黄叶吹落下来，撒满地上。觉广禅师看了一阵，也不说话，低头弯腰，把树叶一片片地从地上捡起来。

在庭院里几个小沙弥觉得十分有趣，就围过来说："师父，您不要捡了，我们明天就会把院子里的黄叶扫得干干净净的。"

觉广禅师说："打扫虽然可以使地上变得干净，但我在这里捡得一片叶子，不就可以增加一分干净吗？"

有个小沙弥抢着说："师傅，捡起来太慢了，您看前面的叶子捡完了，后面又落下叶子来了！"

觉广禅师并未理睬他们，边捡边说："你们认为只有地上有落叶吗？其实，在人们心中的落叶也不少哩！我在这里捡，也是在捡我心中的落叶。时间长了，终究有捡完的时候。"几个小沙弥听了，若有所悟地点点头。

浇树要浇根，育人要育心。获得幸福要从内心的安宁着手，事实上，能做到无私无我无恼，不只需要很高的道德修养，更需要提升内心境界，激发自己的潜在智慧。只有无私的般若智慧，才能超越主观客观，超越时间空间，超越了相对绝对的自我中心，没有了自私的立场，人的体悟乃至所有的一切都将无限宽广。

有位虔诚的女施主，每天都从自家的花园里采撷鲜花到寺院供佛。一天，当她送花到佛殿时，碰巧遇到无德禅师从法堂出来，无德禅师非常欣喜地说道："你每天都这么虔诚地以香花供佛，根据佛家经典记载，常以香花供佛者，来世当得庄严相貌的福报。"

女施主非常高兴地回答道："这是应该的，我每次来您这里礼佛时，觉得心灵就像洗涤过似的清凉，但回到家中，心就烦乱了。作为一个家庭主妇，如何在烦嚣的尘世中保持一颗清净纯洁的心呢？"

无德禅师反问道："你以鲜花献佛，对花草总有一些常识，我现在问你，你如何保持花朵的新鲜呢？"

女施主答道："保持花朵新鲜的方法，莫过于每天换水，并且在换水时把花梗剪去一截，因为这一截花梗已经腐烂，腐烂之后水分不易吸收，花就容易凋谢！"

无德禅师说："其实，保持一颗清净纯洁的心，道理也是一样的。我们的生活环境就像瓶里的水，我们就是花，唯有不停净化我们的身心，变化我们的气质，并且不断地忏悔、检讨，改掉陋习、缺点，才能不断吸收到大自然的食粮。"

女施主听后，作礼感谢道："谢谢禅师的开示，希望以后有机会亲近禅师，过一段寺宇中禅者的生活，享受晨钟暮鼓，菩提梵歌的宁静。"

无德禅师说："你的呼吸就是梵歌，脉搏跳动就是钟鼓，身体就是寺宇，两耳就是菩提，无处不是宁静，又何必等机会到寺宇中生活呢？看来，对于真正懂得修行的人，无处不是禅，无处不是佛，无处不是宁静祥和，而对一般的俗众，能"养"一颗平和心也是非常重要的。

的确是这样，其实烦恼都是出自人心的。如果能够保持一颗清净纯洁的心，不为烦嚣的尘世所沾染，那么就能够免去许多烦恼。

有一个囚犯被关在牢里，埋怨房子小，有一天，有一只苍蝇飞进房里，他就去扑捕，飞东抓东，飞西捕西，还是没有抓到，之后他才醒悟到原来房间竟然这么大，连一只苍蝇也抓不着。所以，他觉悟到："心中有事世间小，心中无事一床宽。"

很多人会考虑这样一个问题：人生诸多烦恼，到底生自何处？

有人以为烦恼是眼睛引起的，因为有句俗话叫眼不见心不烦。可是绝没有谁把自己眼睛挖瞎，可见烦恼不是眼睛引起的。耳朵，鼻子，舌头，身体，每样都是人身法宝，缺一便成残疾人。谁也不想成为残疾人，可见耳鼻舌身都不是烦恼的本源。

那烦恼的根源是不是意呢？意其实最珍贵。人与其他动物的区别就在意，人的聪明愚蠢也靠意分别。没有意，人生也就失去意义，可见意也不是烦恼的根源。

一个小和尚化缘回来，在禅房门口见师父端坐在太阳下大汗淋漓，泪流满面。小和尚非常的不解和惊讶。

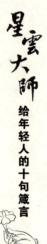

他问师父："师父，您怎么了？"

"没怎么，我在沐浴呢！"师父心平气和地说。

小和尚更加的迷惑了，他转了几个圈后，又凑过去问师父："师父，我没看见您沐浴、洗涤啊？"

"我是在沐浴、洗涤自己的心灵，你当然看不到了。"法师静静地说。

小和尚更好奇了，他想探个究竟，学点见识，又问道："怎么才能为自己的心灵沐浴和洗涤呢？师父可否开导开导弟子？"

师父说："点燃一颗感恩戴德之心，在自己的心底煮沸半腔开水，再加入仁义、孝悌，甚至反思、忏悔等几味名贵的心结，便可以为心灵药浴了。"

宽容、大度，是智慧，是力量，拥有了这些，你对于生老病死、忧悲苦恼、功名利禄、人情冷暖等，不但不为所动，而且能真正地认知、处理、化解、消除。世人纷扰为利，我自宽心自持。宽容让你斩除烦恼，到达了处处净土、自由自在的心灵境界。

宽厚可以医瞋

　　　　恬淡可以医躁，宽厚可以医瞋。

　　　　　　　　　　　　——星云大师《佛光菜根谭》

有诗云：面上无瞋是供养，口里无瞋出妙香；心中无瞋是无价宝，不断不灭是真常。星云大师一生坎坎坷坷，历尽磨难，对人生他早已参透。而他对待毁谤的态度，也值得人们学习：就是一面深省自己，一面保持沉默。深省的目的是看清自己的实力和本质；保持沉默、不去辩白，是对自己人格的信任。

星云大师无疑为我们做出了示范：面对别人的怨怼和怒骂不要计较太多，对别人的闲言碎语不予辩护，以宽厚和包容去对待。这看似轻轻的一招，其实正是修养上功夫炉火纯青的表现。太计较就会平添怨气，滋生烦恼，那还何谈清静无为？星云大师的这种高妙的处世态度，和佛陀教导弟子，不要妄生"嗔"念，有异曲同工之妙。

不发怒，保持内心的平和，保持宽厚和包容，时时把快乐带给大家，才是人际交往中和谐的高境界。而常发怒的人，会经常和别人发生冲突，自己内心也常被痛苦占据。一个人只有具备了宽容之心，才会不嗔恨、不迁怒，慈悲为怀，欢颜示人，甚至化暴戾为祥和，解纷争为友好。

但现代社会中，容易牵惹人发怒的事可能无处不在，但如果这么容易生气，那么社会上会到处充满火气、怨气、怒气、恨气，甚至杀气，乃至秽气、臭气，真是到处乌烟瘴气。那将是多么可怕的事情！

1937年，日本出兵侵略华北，星云大师在杭州经商的父亲于返乡途中突然失踪，根据判断，应该是在枪林弹雨中丧生了。大师家境本来贫穷，遭此变故，一门孤寡更是受尽邻里欺负。母亲却从来没有自怜自艾，反而以坚强的语气鼓励4个稚龄的子女：

"孩子们，我们要争气，不要生气！"

星云大师听了以后，下定决心要力争上游。

刚到丛林参学时，由于年纪还很小，什么都不懂，常常被同学取笑，这时，母亲的话浮上心头："我们要争气！"于是，星云大师加紧用功，发心工作，果然获得了许多赞美。

星云大师深信：受到挫折委屈时，只有自己努力"争气"才有用处。

星云大师的母亲这句"不要生气要争气"，实在是一句至理名言。当一个人受到挫折委屈时，只有自己努力"争气"，才能以愿心为动能，化悲愤为力量，才能有宽广的前途和未来。面对同样的问题，没有"争气"而"生气"者，因一时的挫折而垂头丧气，因一时的贫苦而壮士气短，成功自然也会离他很远。

很多时候，别人的过失和错误可能会让我们烦恼甚至恼怒。但是，既然错误已经犯下，生气也是没有用的。这个时候若能宽容别人的过失，也会给自己省却很多烦恼。

尘缘大师非常喜爱兰花，在平日诵经健身之余，他花费了许多的时间栽种和欣赏兰花。

这年夏天，他要外出云游一段时间，临行前交代小和尚："徒儿，要好好帮我照顾这几盆珍贵的兰花。"

在这段时间，小和尚总是细心照顾兰花。但有一天，小和尚在给兰花浇水时，却不小心将兰花架碰倒了，所有的兰花盆都跌碎了，兰花散了满地。

小和尚非常惶恐和难过，打算等尘缘大师回来后，向他道歉。"师傅会怎么惩罚我呢？要知道兰花可是他最心爱的东西呀！"

尘缘大师回来了，很快知道了事情的经过。尘缘大师不但没有责怪小和尚，反而安慰他说："我种兰花，一来是希望用来观赏消遣，美化环境；二是用来陶冶情操，不是为了生气而种兰花的。"

星云大师从来不计较别人的过错。他常说："宽恕可以让内心更自由。"对待别人的错误，不管是有意还是无意的，只要他真心意识到了，就要原谅他，这样你自己也会减少很多烦恼。人非圣贤，孰能无过？犯了错误不怕，真心的悔过也是弥足珍贵的。

幸福快乐就如夕阳，人人都可以看见，但多数人的眼睛却因为只望见别人的错误，从而怒由心生，失去了快乐。但是，怒气毕竟无济于事，陷入发怒的泥淖之中不能自拔只会让情况更不可收拾，唯有远离怒气，冲淡平和，你的生命里才能处处鸟语花香。

星云大师在《宽心的智慧》中写道："你知道什么事最令你生气？什么事最令你感动？什么事最令你难过？什么事最令你欢喜？什么事最令你尴尬？什么事值得你牺牲？什么事是你肯定的？在人成长的过程中，对道业、学业、事业都要有目标、有理想、有计划、有进度的一步步去超越、去完成，才有可能成为一个能自处又能处众的幸福人。"

要以忍耐为担当

> 面对委屈时，不要叹息失望，要以忍耐为担当；
>
> 面对诱惑时，不要虚荣迷茫，要以禅定为舟航；
>
> 面对荣耀时，不要患得患失，要以克制为良方。
>
> ——星云大师《佛光菜根谭》

人在世上行走，必定要有很多承担，要承担很多责任、困难，甚至苦痛，还有忍受来自各个方面的责难，以至于无端毁谤。

佛经上说："由忍得解脱，瞋心寂无起。为一切能故，能胜一切人。"

忍，即忍耐，一个人需要有多么宽容的心胸，才能做到听恶骂如饮甘露啊。一个人不被外境的风浪所动摇，行路于人间，能有多少忍耐，就能成就多大的事业。

在星云大师的一生中，不知受过多少人的毁谤和中伤，年轻时虽然极力隐忍，但不免难过，因为他一直尽心尽力为人为众，希望有一个完美的人生，而别人却如此糟蹋他的好意，总觉得心里无法平衡。

1963年，星云大师初次随中华民国佛教访问团走访东南亚各国，到达最后一站时，一位同道建议沿途收到的赠品太多，搭船比较方便。大师说："中央政府已来电表示要派人前来接机，还是坐飞机比较妥当。"没想到回国之后，原先提议坐船的人却在佛教杂志上撰文：星云某人为了做生意，一路买了许多货品，所以主张坐船云云。

另一位同行者得知此事，安慰他说："你不要难过，佛陀也会被人毁谤。人心不同，各如其面，世间上的人，只要他认同的，就觉得是真、善、美；不认同的，就斥责为丑陋、恶魔。毁谤有时也是一种肥料啊！"大师闻言释然。

多少年来，星云大师每遇讥毁，想起佛陀慈忍的精神，不禁鼓起信心，勇往直前。如今，他也常叙述自己的经历，告诉徒众："佛陀也会被人毁谤。"希望他们也能忍辱负重，肩挑弘法利生的重责大任。

在这个充斥着是非、错乱的时代里，人们应该经常像一个充气的皮球，"毁谤"的外力越强，要弹得越高越远。只要你心底无私，光明磊落，恶言"毁谤"必能如霜露般消失无踪。

佛陀在《四十二章经》中说：欲以"毁谤"损人，就如同"仰天而唾，唾不污天，还污己身；逆风扬人，尘不污彼，还坌于身"。此乃不虚之言也。

数十年前，星云大师经常带着青年男女下乡布教，当时一些好事者经常在背后说一些难听的话，但毕竟大众的眼睛是雪亮的，久而久之，他们庄严有序的弘法队伍获得大家的肯定，连一些家长都命子女们跟随大师学佛。目睹当时比丘尼不受人尊重，大师还努力在教界为女众争一席之地，为此曾被一些教界同道揶揄说大师是"女性工作大队的队长"，甚至有些人以轻蔑的口吻将比丘尼说成是"寄佛偷生"。幸好他们都很争气，目前佛光山许多学有专精的比丘尼甚至在大学任教，在男众佛学院授课，而且著作等身，辩才无碍。而在台湾首先发行的《佛光大辞典》，也是由一群比丘尼一手编辑而成，他们斐然的成绩不但赢得世人的赞许，更粉碎了恶毒不实的"毁谤"。

俗语云："谣言止于智者。"《坚意经》亦云："慈心正意，罪灭福生；邪不入正，万恶消烂。"这是佛陀给人们开出的治毁谤的良方。

"佛陀也会遭人毁谤"，所以"毁谤"可能是由于我们表现得太好，应该感谢别人对我们的毁谤，因为如此一来，正好给自己一个反观自照、消灾解怨的机会，让我们得以在菩提道上步步提升。

1954年，星云大师27岁，他已开始撰写佛陀传记。在检视自己过去颠沛流离的岁月时，他感喟万分，自忖若非凭仗忍耐作为舟航，如何能安然度过苦难连连的时光？他又盱衡未来复杂多变的社会，人我是非的生存，自觉更需坚此百忍，方足以应付万难。从此，他时时刻刻以"忍耐"作为为人处世的圭臬。多年后的今天，回顾往事，他深深感到"忍耐"，实在是世界上最强大的力量。

星云大师出身贫穷的苏北，12岁出家以后，生活更是清苦，然而贫寒适足以励志，他刻苦耐劳的性格就是在这个时候孕育而成。

23岁那年，星云大师随政府搬迁赴台，在兵荒马乱之中，所携带的包袱不慎遗失，身边一无长物，当时的寺庙又不接受外省人挂单，他只得过着四处漂泊，风餐露宿的日子。他曾经在狂风暴雨中摔到沟里，被水冲走了一段路；也曾经在烈日当空下晒得汗流浃背，头皮发麻。最后好不容易从台南走到台中，感谢宝觉寺林锦东先生肯留他小住数日。如果没有忍受苦难的力量，星云大师如何度过那些艰辛的岁月？

1937年，星云大师的父亲在经商途中失踪，根据当时环境来看，应该是牺牲在日军的枪口下。后来他曾随着寡母四处寻父，所经之处无不是瓦砾残垣，尸首遍野，更加深他心中的仇日意识。及至成人，大师虽然有数次赴日深造的机会，终因国仇家恨不共戴天而毅然放弃。1973年，在政府的一再邀请下，为了促进中日两国文化交流，他强忍多年来心头的痛楚，出任"中日佛教关系促进会会长"一职。毕竟"冤家宜解不宜结"，过去的历史固然不容抹杀，一味的寻仇，只有加深恨意，唯有前瞻性的记取教训，防微杜渐，从根本上促进彼此的了解，互助合作，才是长久相安之道。

《佛遗教经》中记载：能行忍者，乃可名为有力大人。若其不能欢喜忍受毁谤、讥讽、恶骂之毒如饮甘露者，不名入道智能人也。

"忍耐"并不是胆怯，而是发自内心的一种无比的勇气；"忍耐"并不是退缩，而是用宽容之心去对待人间的不平；忍耐并不是懦弱，而是面对毁谤讥讽，还能择善固执，无怨无悔。

日本有一位禅师，法号白隐。他修行高深，生活纯净，声名远扬，深受百姓的敬仰与称颂。

白隐禅师所在的寺院附近住着一户人家，家里有一个非常漂亮的女儿。忽然有一天，夫妻俩发现女儿的肚子大了起来，这让他们非常生气，好端端的一个黄花闺女，竟做出这种见不得人的事。起初，女儿不肯说出那个男人是谁，后来，在父母的威逼下，她终于说出了"白隐"两个字。

之后，她的父母气势汹汹地找到白隐，狠狠地将白隐痛骂了一顿。可是，白隐并没有生气，只是若无其事地说道："就是这样吗？"等孩子出生后，她的父母就将孩子送给了白隐。这件事给他造成了很坏的影响，几乎让他声名扫地，但他并没有因此放弃孩子，而是非常细心地照顾好孩子。

在白隐禅师精心呵护下，孩子一天天地长大了。看见可爱而又可怜的宝宝，这位孩子的妈妈，再也忍受不了良心的谴责，她向父母吐露了实情："孩子的生父是一位年轻的卡车司机。"

她的父母立即带她来到寺院，向白隐禅师道歉，请求他的原谅，并要带走孩子，为他挽回声誉。

白隐禅师还是像当初那样，不急不火，淡然如水，更没有趁机训斥他们。他只是在交还孩子时轻声说道："就是这样吗？"仿佛不曾发生过什么。

白隐禅师并没有因为外人对自己的诬谤而生气，反而顺其自然。尽管经历了很多困难，但内心的宽容隐忍让他笑看这一切。这种修养要透过般若智慧才能养成，否则谈何容易。

同白隐禅师相比，我们所遇到的挫折和指责又算得了什么呢？为人处世，只要心存善念，胸怀坦荡，宽厚待人，一切的矛盾就化解了，人际关系就和谐了。

第二章 万法相互缘起，世事不必强求
——星云大师谈宽容

第三章 信心如璎珞，令人身心庄严

——星云大师谈自信

信心是我们内心的宝藏，只要我们心中有信仰，就会产生信心；有了信心，就有取之不尽、用之不竭的能源。

——星云大师

自信令你成功

自学，是成功的动力；

自律，是成功的条件；

自信，是成功的方法；

自尊，是成功的要素。

——星云大师《佛光菜根谭》

世间的财富，要用信心的手去取；辽阔的江海，要用信心的船来渡。丰硕的果实，要用信心的根生长；无尽的宝藏，要从信心的门进入。有信心就有希望，有信心就有力量。信心是道德的根源，信心是智慧的保姆，信心门里有无限的宝藏。

以上是《信心门》中的一段话，佛家认为，世间一切事业的成就，世间一切功德的成就，人生一切宏伟目标的实现，要靠信心。

一个年轻人常常因为不相信自己的能力而整天闷闷不乐。他的邻居是一位双目失明、没有双臂、坐着轮椅、满头白发的富翁。他知道年轻人因不自信而苦恼时，便找他谈话："年轻人，你现在有100万财富都不止，为何还不高兴呢？"见年轻人疑惑不解，富翁接着说："你将你的两条腿给我吧，我给你20万。"

"我没有腿怎么走路？"年轻人不肯。

"那……你给我两条胳膊也可以，我同样给你20万。"

"我失去双手，还会做什么！"

"要不然，把你的一双眼睛给我也行，我给你40万，可不可以？"

"没有眼睛，我什么也看不见，一个人活在世上还有什么意义！"

这时候，富翁笑了："你看，你有一双结实的腿，一双灵巧的手，一双明亮的眼睛，能够劳动，这不正说明你很富有吗？"

听了富翁一番话，年轻人顿感惭愧。

佛陀有云："狂妄的人有救，不自信的人没有救。"一个人没有自信，便会滋生自卑，进而自惭形秽，畏畏缩缩，消极处世，内心凄苦，饱尝人世风霜。

事实证明，有了自信，有了充分认识之后的自我承认、自我认可，你才会面对人生的各种挑战充分准备、厚植实力，在追求成功的路上面带微笑，甚至创造奇迹。

珍妮是一个总爱低着头的小女孩，她一直觉着自己长得不漂亮。有一天，她到饰物店去买了只绿色的蝴蝶结，随即戴在了头上。店主看到后不停地赞美她戴上蝴蝶结后很漂亮。虽然珍妮不是很自信，但她还是挺高兴得，不由自主地挺起了胸，昂起了头。由于她急着回到学校让老师和同学们看看，结果在出店门口的时候与人撞了一下，蝴蝶结被撞掉了，但她并不知道。珍妮来到学校，刚走进教室，正好碰上了她的老师，"珍妮，你真美！"老师爱抚地拍拍她的肩说。那一天，她得到了许多人的赞美。她想，一定是蝴蝶结的功劳，可她回到家站在镜子前一照，自己的头上根本就没有蝴蝶结。珍妮在学校里之所以受到了许多人的赞美，并不是头上戴了蝴蝶结的原因，而是因为蝴蝶结帮她找回了自信。

人无自信，总觉得事事不如人，进而自轻自贱，整日悲悲戚戚，对工作、爱情、生活等，无心追求，心灰意冷。试问，这样的人怎能取得成功？

一位叫吴鹰的大学生来到美国新泽西州发展。到了新泽西州，他身上只剩下27美元了，他决定先从最苦最累的搬运工干起。过了半年，一则招聘广告引起吴鹰的注意，当地一位著名的教授招聘一名助教。这可是一个难得的机会，收入丰厚，又不影响学习，还能接触到最先进的科技资讯。但当吴鹰赶去报名时，那里已经挤满了人。

经过筛选，取得报考资格的人有三十几个，成功的希望实在渺茫。考试前几天，几位中国留学生使尽浑身解数，打探出了主考官的情况，主持这次考试的教授曾在朝鲜战场上当过中国人的俘虏！

中国留学生们一下傻眼了："看来，中国人肯定没戏。只有最愚蠢的人才把时间花在不可能的事情上！"他们纷纷退出。但吴鹰还是如期参加了考试。吴鹰的自信使他在考试的时候发挥自如，完全融入助教的角色中。

"OK！就是你了！"当教授给吴鹰一个肯定的答复后，微笑着说，"你知道我为什么录用你吗？"吴鹰摇摇头。

虽然你在所有的应试者中并不是最好的，但你的自信心却远远地超过了他们，他们看起来好像很聪明，其实不然。我需要的是一个很好的助教，没必要谈及几十年前的事情。我很欣赏你的自信，这就是我录用你的原因！"

不难看出，如果没有超强的自信，这绝好的就业机会恐怕就与中国留学生吴鹰失之交臂了。吴鹰的自信，让他排除了外界的干扰，从而对自己、对别人有一个正确的认知，最终他抓住了大好的机会，取得了成功。

人无自信，不知其可。人最大的敌人莫过于自己，最大的助缘也是自己，拥有自信，你才能立足世间，成就事业，才能远离痛苦，获得身心的愉悦，自我的解放。

自信令你身心庄严

信心如璎珞，可以令人身心庄严，

信心如手杖，可以令人行进无忧。

——星云大师《佛光菜根谭》

自信，是走向成功的伴侣，是战胜困难的利剑，是通向理想彼岸的舟楫。有了它，就迈出了成功的第一步；有了它，就走上了义无反顾的追求路。

自信，其实是一种相信自己能力和自己选择的心理。一个人自己都不相信自己的时候，很容易自己被自己打倒。

《晋书乐广传》记载：乐广曾经宴请一位好友吃饭喝酒，分别后那位朋友却久久不再和他来往。有一天，乐广遇到他就问他何以如此。朋友说："上回承蒙你请我喝酒，但那天就在我举杯想喝时，我看到杯中有一条小蛇晃动，当时虽然厌恶得心里起疙瘩，但碍于你做主人热心招呼的情面，我只得吞饮下去。回家后我就病了，请了医生也看不好。唉！我现在浑身难受，茶饭不思！"乐广大吃一惊，心想：杯中怎会有一条小蛇呢？回家后他左思右想，朝思暮念，想不出一个所以然。直到有一天吃饭时，乐广坐到朋友上次所坐的位子，拿起酒杯，无意间往杯中看了一眼，顿然吓一跳：杯中果真有一条小蛇！晃一晃酒杯，移一移位子，再仔细一看：咳！原来是墙上的弓箭折射到杯中的影子。乐广急忙再把朋友请来，让他坐在那个位子，酌了一杯酒奉上："你瞧，是不是又来一条小蛇啊？不要慌！"乐广接着起座拿走墙上的弓箭："再仔细瞧，小蛇哪里里去了呢？这张弓就是上次造成蛇影的罪魁祸首！"朋友恍然大悟，这时他肚子一阵绞痛，一吐却真的吐出一条小蛇来。疑心成病，久而久之，常会从无中生出有来，所以说"心生则种种法生"。

人生就是如此，种什么因，得什么果。疑心成病，杯弓蛇影，全因没有自信，不相信自己。

身体的病好治疗，心病才麻烦。不过，身体是我们的，我们要认识他；心是我们的，要认识自己的心，让内心真正强大起来，自信起来。

佛法东传以来，在中国翻开了崭新的一页，各宗各派林立四方，举禅宗一例，就有所谓"五家七宗"，即：临济宗、曹洞宗、法眼宗、云门宗、沩仰宗、黄龙派、杨岐派。佛光山就是传承于临济宗门下。

临济宗的祖师临济义玄禅师，在他年长的时候，承袭百丈禅师"一日不作，一日不食"的家风，经常劳动服务，并且教导大众也能在其中体会佛法大意。

一日。临济禅师在山上栽种松树，恰巧被师父黄檗禅师瞧见。黄檗问："山上树木已经这么多了，还栽松树做什么呢？"临济率真利落地回答："一与山门做境致。二与后人作标榜。"临济禅师不求自利，与天下人作荫凉的胸怀，充分显露出一种"前人种树后人乘凉"崇高、无上的救世精神。

人生就是一场戏，你总得为观众留下点儿什么，是专注于自己的小家小业、小情小调，还是为别人、为社会做些什么，那源于你有一个多大的心胸。临济禅师的心胸是博大的，前人栽树，后人乘凉，北宋范仲淹也用流传千古的名句"先天下之忧而忧，后天下之乐而乐"，表达出了他豁达的胸怀。

是什么让临济禅师和范仲淹的人生境界如此开阔，是他们超乎常人的自信。有了自信的人生，是一场华丽丽的旅行，一切若水之顺流而下，水到渠成，而没有自信的人生，恐怕是另外的一番景象了。

有一个诗人跪在一尊高大的雕像前，虔诚地拜着。他面露忧郁，显得无精打采。这时，一位云游四方的和尚来到他身旁。诗人来不及站起身，激动地问："今有一事求教，请指点迷津。伟人何以成为伟人？比如说，像这尊雕像。"

和尚从容地说："伟人之所以伟大，是因为我们跪着。"

"什么？因为我们跪着？"

"是，站起来吧，你也可以成为伟人。"和尚打了一个站立的手势。

"真的？"

"真的，与其执著拜倒，不如大胆超越。"

伟人亦是人，秉性与我们常人没有区别。他们之所以成就伟业，是因为他们付出了更多的努力，更懂得把握机会。如果一味地迷信乃至崇拜伟人，你就会失去自信，丧失自我，甚至丧失了自己做人的个性和尊严。站起来看伟人，你的目光里充满自信的时候，最终你会发现自己的价值。

生活中，那些没有主见，没有自信，没有个性的人，往往不容易取得

第三章 信心如璎珞，令人身心庄严
——星云大师谈自信

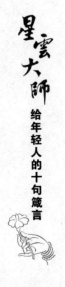

成功；其实，真正成大事的人一定要自信起来，发出自己的声音，做自己认定的事，否则你一辈子只是一个庸人。

自信的人生微笑着

> 一束鲜花，不如一脸微笑；
>
> 一杯清水，不如一念清明；
>
> 一曲音乐，不如一句好话；
>
> 一首诗歌，不如一声赞叹。
>
> ——星云大师《佛光菜根谭》

微笑有着无与伦比的力量，微笑包含着纯真，微笑弥漫着力量。在人世间，没有比微笑更朴实而又珍贵的了，所以说微笑是人际交往中最好的语言。只要你不吝啬，一个微笑可以带来一次幸福的感受，一个微笑可以化解一场误会，一个微笑可以消弭一场危机……

青年挎着行李包，彷徨在火车站广场，等待着晚点的列车。也许他是因为离开家乡，离开亲人，独自一人，在一个陌生的异乡小站即将踏上北上列车，去远方求学的缘故;也许是因为初春烟雨的惆怅，青年的心中就跟天空的云层一样，见不到阳光，都是暗淡的色彩。

有谁能理解这个离乡游子的心呢？又有谁有时间来理会一个陌路相逢的匆匆过客呢？他们都在为生活奔波着……突然，广场一个角落引起了青年的注意，每个经过的乘客都会往那驻足观看，尤为奇怪的是他们离开后脸上都会洋溢着幸福的微笑。

青年走过去，拨开人群，在他眼前的是一个大概还未满周岁的婴儿，躺在一个铺着棉被的大纸箱里。旁边坐着一个二十几岁的农村妇女，周围放着几个破破的行李包，她手里拿着一个装着营养米粉的小碗，不时的给婴儿喂。因为没有调羹，每喂一次，她先用手指往碗里搅一搅，然后放到嘴边轻轻地吹着，然后送到婴儿的口中。婴儿每吃一口，都会先向那个女的笑一下，然后再向过路的行人笑，两个深深的小酒窝，眼睛眯成了一条缝。不管经过的人是扛着建筑工具，还是匆忙赶车的农民工朋友，还是乞讨的城市流浪汉，他都给他们一个甜甜的微笑。

在一个都是过客的小站，在一个人人都为生存奔忙的空间里，有谁会有这个闲暇，停下来给人一个毫无杂念、毫无目的的微笑呢？只有这个还在襁褓中的婴儿才给人们带来天真无邪的微笑，带来丝丝温暖。

那一刻，青年被婴儿那纯真的微笑彻底融化了，在他心里那初春烟雨的惆怅早已消散，心中暗淡云层早已铺满阳光，婴儿的微笑已经驱走了那早春的微寒。

处处荡漾微笑，人生便充满阳光——这就是微笑的力量。诚然，正如李连杰在接受央视《面对面》节目记者王志采访时说，有个外国人问他你认为最高的中国武功是什么。他回答说是微笑，最高的武器，最厉害的武器是微笑。那个外国人又问李连杰武术最高的境界是什么。他说是爱，爱你的朋友，爱你的亲人，爱你的敌人，微笑，微笑没有对手。

真诚的微笑能驱散人们心灵的阴霾，温暖直透人心，融化人们心头的寒冰，给人送去春天般的温暖。

美国盲聋女作家海伦·凯勒即使双眼看不见、双耳听不见、又不能说话，但是她始终没有忘记一句最有力的语言——微笑。她的老师告诉她说："你的世界，尽管是黑暗的和静寂的，但是只要你还会微笑，你的世界就会和常人一样！"

海伦成功之后仍常说："人人都应该花点时间享受一些特别的乐趣。哪怕每天只花五分钟也好，去寻觅一朵美丽的花儿、云儿、星儿；或学习一首诗；或为别人枯燥的工作带来快乐。但是最不能忘记的是，要让你的脸上始终有微笑。"

海伦的人生故事告诉我们：微笑，是自信人生的助推器，是苦难生活中的希望曙光，是人与人之间沟通的桥梁，更是生命中轮回不息的蓬勃朝气。

两个钓鱼高手一起到池塘垂钓。这两人各凭本事，一展身手，隔不了多久的工夫，皆大有收获。

忽然间，池塘附近来了十多名游客。看到这两位高手轻轻松松就把鱼钓上来，不免感到几分羡慕，于是都在附近去买了钓竿来试试自己的运气如何。没想到，这些不善此道的游客，怎么钓也是毫无成果。

两位钓鱼高手，个性完全不同。其中一人孤僻而不爱搭理别人，单享独钓之乐，而另一位高手，却是个热心、豪放、爱交朋友的人。爱交朋友的这位高手，看到游客钓不到鱼，就说："这样吧！我来教你们钓鱼，如果你们学会了我传授的诀窍，而钓到一大堆鱼时，每10尾就分给我1尾，不满10尾就不必给我。"双方一拍即合，欣表同意。

教完这一群人，他又到另一群人中，同样也传授钓鱼术，依然要求每钓10尾回馈给他一尾。

于是这位热心助人的钓鱼高手，把所有时间都用于指导垂钓者，获得的竟是满满一大篓鱼，还认识了一大群新朋友，同时，左一声"老师"，右一声"老师"，备受尊崇。

同来的另一位钓鱼高手，却没享受到这种乐趣。当大家围绕着其同伴学钓鱼时，那人更显得孤单落寞。闷钓一整天，检视竹篓里的鱼，收获也远没有同伴的多。

人生就如同钓鱼。用微笑钓鱼，好过用鱼竿钓鱼。

给别人一个微笑，看似很简单，人人可为之，但如果把微笑变成生活的常态，变成你的名片，确实很多人做不到的。真正的微笑，发乎内心，源于内心超强的自信，心有多强大，微笑有多灿烂。

很多时候，我们只需要给人一个微笑，就能让自己的生活变得美丽多姿，世界变得瑰丽多彩。圣经上记载："不可忧愁，喜乐于上主就是力量。"既然上天都希望我们快乐，那你还等什么呢？让你的生活中充满自信的微笑吧，你的人生可能就因此而改变。

自信者挑战自我

自我观照，反求诸己；

自我更新，不断净化；

自我实践，不向外求；

自我离相，不计内外。

——星云大师《佛光菜根谭》

在人生的道路上，人人都有许多美好的梦想，人人都希望寻到自己的最佳位置，实现自己的最大价值，但有时会在瞬间被无情地现实打击的粉碎。

星云大师曾经劝诫人们说："在很多时候，人人都需要在心中添把火，以重新燃起某些希望。而在另一些时候，人人都需要在心中洒点水，以灭掉某些欲望。"

人在一生中，坎坷曲折，大小麻烦，定会不计其数。挑战这些困难，你首先要树立自信，战胜自我，让自己的内心强大起来。

提到司马迁，人们第一个想到的是他所编著的皇皇巨著《史记》，但提到司马迁发奋著《史记》背后的小故事，却并非所有人都知道。

正当司马迁专心致志写作《史记》的时候，一场飞来横祸突然降临到他的头上。因为司马迁替李陵辩护，得罪了汉武帝，入狱受了官刑。

司马迁悲愤交加，觉得自己的人生已经没有意义，几次想自杀，了此残生，但都被人救了下来。后来，他去一座寺庙上香，见到寺里的僧人严守戒律，清心寡欲。此时的他，反观自己，顿时悟得如果自己轻率地死去，那么之前所受的酷罚就会变得毫无意义。

他想："人总是要死的，有的重于泰山，有的轻于鸿毛。我如果就这样死了，不是比鸿毛还轻吗？我一定要活下去！我一定要写完这部史书！"

从此以后，司马迁尽力克制自己，把个人的耻辱、痛苦全都埋在心底，重又摊开光洁平滑的竹简。于是，发愤写作，用了整整18年时间，在他60岁时，终于完成了52万字的辉煌巨著——《史记》。这部前无古人的著作，几乎耗尽了他毕生的心血，是他用生命写成的。

草木一秋，人活一世，总应该留下点儿什么。只要认准自己的目标，相信自己，脚踏实地去做努力，就一定能够采摘到丰硕的果实。

有人问星云大师："人生是什么？"星云大师的回答很简单："人生就是不断地向自己挑战。"

有一个年轻人经常出差，经常买不到对号入座的车票。可是无论长途短途，无论车上多拥挤，他总能找到座位。

他的办法其实很简单，就是耐心地一节车厢一节车厢找。这个办法听上去似乎并不高明，但却很管用。每次，他都做好了从第一节车厢走到最后一节车厢的准备，可是每次他都用不着走到最后就会发现空位。他说，这是因为像他这样锲而不舍找座位的乘客实在不多。经常是在他落座的车厢里尚余若干座位，而在其他车厢的过道和车厢接头处，居然人满为患。

生活真是有趣：如果你只接受最好的，你经常会得到最好的。充满自信，勇于挑战，让年轻人握有一张人生之旅永远的坐票。

一个人如果被自卑的心理所左右，就会丧失向美好目标奋进的勇气；一个人如果被怯懦的心境所支配，就会失去潇洒、风度、快乐、美满幸福的新生活。一个人只有向自身的弱点挑战，生命才能闪耀出绚丽的光彩。

人生难免会遇到诸多困难，但只要你自信满满，准备充分，你只要把自己放到一个更高的位置，就像是站在山顶看山下、站在火星看地球、站在月亮观四海一样，你就能超越自我，看到以前因眼光局限所看不到的风景。

一天，龙虾与寄居蟹在深海中相遇，寄居蟹看见龙虾正把自己的硬壳脱掉，只露出娇嫩的身躯。寄居蟹非常紧张地说："龙虾，你怎可以把唯一保护自己身躯的硬壳放弃呢？难道你不怕有大鱼一口把你吃掉吗？以你现在的情况来看，急流也会把你冲到岩石去，到时你不死才怪呢？"

龙虾气定神闲地回答："谢谢你的关心，但是你不了解，我们龙虾每次成长，都必须先脱掉旧壳，才能生长出更坚固的外壳，现在面对的危险，只是为了将来发展得更好而作出准备。"

每个人都有一定的安全区，想要跨越自己目前的成就，请不要划地自限，勇于接受挑战充实自我，你一定会发展得比想像中更好。

如果你是一个敢于挑战自己、走出自我、充满自信的人，你就能发现这个世界的神奇和这个时代的绚丽，你就能拥有别人所无法企及的思想和事业的高度。

赞美，自信的外衣

没有掌声的讲演，不会精彩叫座；
没有赞美的儿童，不会乖巧听话；
没有花朵的庭院，不会美丽动人；
没有配料的菜肴，不会色香俱全。

——星云大师《佛光菜根谭》

赞美是自信的一种表现，一个人不吝赞美别人，源自他内心高度的自信。别人身上有很多值得我们去学习和赞美的地方，发现它们并加以赞美，是自信人生的一种常态。

当然，赞美别人要讲究艺术，不懂得赞美的艺术，一味献殷勤、唱赞歌，会给人留下不好的印象。关于赞美的艺术问题，明代大才子唐伯虎给我们留下一个脍炙人口的故事。

有一家财主大摆筵席，为其母祝寿，再三邀请唐伯虎赴宴。唐伯虎感到盛情难却，出席了。酒酣耳热之后，财主五兄弟一齐请求唐伯虎题诗庆贺。唐伯虎乘着酒兴，随手在纸上写了一句：

"这个婆娘不是人，"

围观者看到这几个字后，个个目瞪口呆，气氛很紧张。唐伯虎不以为意，稍停一下，写下第二句：

"九天仙女下凡尘。"

原来如此！厅堂里马上响起阵阵赞叹和欢笑声。声未歇，唐伯虎又写下了一句：

"生下五男都是贼，"

财主五兄弟脸色顿变，几乎要发火。这时，唐伯虎又写道：

"偷得蟠桃献母亲。"

这时，财主兄弟高兴得眉飞色舞，宾客们也啧啧称赞。

唐伯虎的这首祝寿诗，那可是别出心裁，语惊四座。

唐伯虎的赞美，运用了先抑后扬的技巧。明明是要表达赞美之情，但却故意贬抑，吊人胃口，然后再出其不意地大加赞美，这时的看者不仅怒意全消，而且非常受用。所以，在平日里，我们需要适时地赞美别人时，一定要讲究技巧，才能达到事半功倍的效果。

有一次，北宋宰相寇准请一个理发师为他理发。

理发师理到一半时，因过度紧张，不小心将其头发剃秃了一块。他吓坏了，情急之下，忽生一计。他放下剃发刀，两眼直直地看着宰相的肚子。

寇准见状，好奇地问："你不理发，看我肚子作甚？"

理发师连忙说："人人都说宰相肚里能撑船，我看您肚子并不大，如何撑得了船？"

寇准闻此言后哈哈大笑："宰相肚里能撑船，是指宰相的气量大，对小事能容忍，不计较，懂了吗？"

话音刚落，理发师扑通一声跪在地上，战战兢兢地说："小的该死，刚给大人剃发之时，不小心将头发剃秃一块。宰相您气量大，请饶恕小的吧！"

寇准摸摸头发，果然秃了一块。刚要发火，但转念一想，自己刚说过宰相气量大，不计较小事，现在怎么能怪罪于人呢？于是，笑着说："好了，你起来吧，谁让宰相肚里能撑船呢？"

从这个故事里，我们看到了理发师善用赞美的策略。他掌握了赞美的艺术，抓住了一般人"伸手不打笑脸人"和"盛赞之下，怒气全无"的心理。他急中生智，先夸宰相的气量大，再巧想办法为自己开脱，最后终于机智脱身。

星云大师常以四句话提供给大家，来改善人我之间的关系。

"初见三句话"：你好、大家好、今天天气很好。

"相逢一微笑"：大家见面时，面露笑容。

"争执一回合"：有争执时，只限一回合一句话，不要一直争下去。

"赞美要适当"：称赞人家要恰如其分。

果能如此，人我关系定能和谐、改善。

加油员涂师傅的处事方式也正是"出门观天色，迎客观颜色"。她和别人说起话来总能让人心情舒畅，同事和许多熟客无不称她是嘴上抹了蜜。最值得称道的是，她往往能在危急时刻大事化小、小事化了，而她说："我只是懂得在合适的时候去赞美别人。"

一次，涂师傅为顾客加完油，正要打发票，发现一卷发票纸已经用完，需要重装一卷。此时顾客已发动汽车，眼看顾客等得有些心急，涂师傅急中生智，对顾客说："您这车子真棒，车子发动了，在车外一点噪声都听不到！"

一听这话，顾客顿时来了劲儿："我这款车的发动机是引进德国雷诺技术……"

涂师傅在一旁认真地听顾客介绍，此时发票也打好了。

涂师傅的急中生智既为发票纸的安装争取了时间，又投顾客所好，将一场潜在的矛盾化解了。

涂师傅的故事也进一步印证了赞美的妙用。在关键时刻，用赞美别人的方式争取到宝贵的时间，从而使事情朝自己有利的方面转化，这不仅是非常高明的赞美艺术，也是内心自信的外现。

卡耐基在《人性的弱点》一书中指出，每个人都希望得到别人的认可和赞美。真诚的赞美是最动听的语言，能让生活少一点儿矛盾，多一点儿和谐。如果掌握了赞美这门艺术，谁能保证你不会是自己工作岗位上的下一个卡耐基呢？

嫉妒，自信的强敌

> 欲望是第一海，愚痴是第一暗；
>
> 嗔忌是第一怨，嫉妒是第一障。

——星云大师

嫉妒其实是一种心理疾病，是一种病态，如果不加医治，其结果往往是令人四面楚歌、寸步难行。嫉妒发自内心，又往往"形之于相"，因此在人际交往中，很容易在态度上表现出来，尤其在言行举止间，更容易让人察觉出来。这种"嫉妒心理"，常常会酿出祸端。

老和尚患了风湿病,两条腿酸痛不已，他的两个徒弟为了表达孝心，每天轮流替师父按摩双腿。大徒弟负责按摩右腿，小徒弟负责左腿。老师父很感谢徒弟们的照顾，因此常常在大徒弟面前赞美小徒弟，按摩的手法很灵巧，让他的左腿减少很多疼痛;也在小徒弟面前就夸赞大徒弟，按摩时很用心，使他的右腿日渐康复。

老和尚原是一番美意，希望师兄弟彼此勉励，相互学习。可是两个徒弟却误以为师父赞叹对方，就是不欢喜自己，因此双方产生强烈的嫉妒心。有一天大徒弟来按摩时，趁着小师弟出门办事，就把老和尚的左腿打断了，心中洋洋得意，这下你没有左腿可以按摩，师父就只能靠我了！小师弟回来以后，看见自己按摩的左腿被打断，不禁怒火攻心，可恶的师兄，你把我按摩的左腿打断，让我没有机会亲近师父，我也要把你按摩的右腿打断,让你从今以后无法帮师父按摩。

放眼当今职场，像两个徒弟一样有妒忌之心的大有人在。

看到同事专心工作，就批评此人工作死板，门路不广；看到同事做事明快，就挑剔此人不够周密。总之，在嫉妒者心中，别人永远是错的。其实，这种挑剔和嘲讽的态度，是他潜在的嫉妒心在作祟。这些人心态不正常，见不得别人好，又幸灾乐祸。自己不做的事情，看到别人积极从事，非但不加以赞叹，还吹毛求疵地给予恶意的嘲讽。

为什么会这样呢？归根究底，是因为这些人内心不够强大，没有足够的自信。星云大师在《一池落花两样情》一文中写道："嫉妒，是弱者的名字。使我们无法肯定自己的尊贵，同样地也丧失了欣赏别人的能力。"

内心虚弱，丧失自信，时时处处举起嫉妒这把双刃剑，虽满足了伤害别人的目的，但也使得自己遍体鳞伤。故事中打断师父双腿的两个徒弟，如同世间的人事，彼此互不兼容，互不尊重，为争一口闲气，以致兄弟阋墙。

嫉妒，会使我们失去内在的双腿，走在人间路上，没有支柱，寸步难行。

几十年前，星云大师曾到日本的道场访问。日本人告诉他，在日本，宗派很多，各宗派之间彼此竞相发展，互不妨碍。例如你的宗派开创一间医院，我的宗派就兴办一所学校。你的宗派创办杂志，我的宗派就推行丛书、译藏经；你的宗派建设1000平方米的讲堂，那我就建2000平方米；你的宗派举行法会，有10万信徒参加，我的宗派就要有20万人参加。所以，我们日本的佛教，只在事业上互相竞争，不在人我上互相破坏。

中国佛教在隋唐盛世时，各宗派纷立，如百花齐放，众鸟争鸣。各派祖师大德，生于同一时代，如禅宗惠能、律宗道宣、法相玄奘、华严法藏、天台智顗，大家为了佛教，在教理上各自专一精研，并不彼此互相破

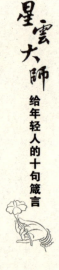

坏，因而形成中国佛教史上的灿烂黄金时代。

春天，百花竞相开放，争奇斗艳，把春天装饰得多么华美！但如果一朵花独艳，春天的美丽就会大打折扣。这正如我们的生活同周围的同事朋友息息相关一样，大家愈有成就，生活也就愈丰富多彩，社会也就愈兴盛蓬勃。对于周围人取得的成就，我们应该予以鼓励、赞美，不应嫉妒、排挤；互斥只会灭亡，互助才能共存。

第四章 养深积厚，广结善缘

——星云大师谈厚道

人生修养最讲究的就是律己。一个"厚道"的人，在德业能够养深积厚，在人际能够广结善缘，在事业能得道多助，可谓"厚道"才能成事。

——星云大师

厚德可以载物

> 勤可以补拙，俭可以却贫；
>
> 宽可以容人，厚可以载物。

—— 星云大师《佛光菜根谭》

2004年，国内两大知名网站联合做了一项网上调查："今年网上最流行的语词是什么？"

评选结果出来了，出乎人们意料的是，那些大家耳熟能详的流行词汇，如"给力"、"偶稀饭"等，却意外屈居后位。荣登榜首的是"做人要厚道！"这句颇有说正统教味儿话。

何为厚道？厚道就是宽容仁厚，不刻薄，不夸张，不骗人，实实在在，表里如一。当然，厚道没有固定的含义，它只能是某种精神的体现；厚道也没有固定的形式，它更多的应该是对生命的一种实实在在的态度。

在生活中，人们都喜欢与厚道人打交道，这是因为厚道人不会算计和出卖你，与厚道人打交道让人信赖，让人踏实，让人宁静而温馨。

下面摘录的是一个国人写的文章：

几个从欧洲旅游回来的人，他们除了发一些"到处都是中国人"的感慨，共同的发现就是"洋人的思维太简单"。其中一个例子是讲，某个高福利国家的公民，据说只要出示医嘱，政府就要为他到南部国家晒太阳治疗抑郁症而"埋单"。而按照中国人的思维，这样的制度下，岂非人人得而免费度假？

我曾听一位外籍教师讲新闻课，他说着说着，就说到了让国内同行一言难尽的"红包"。老外的"红包"概念和我们稍有不同，除了现钞之类，也包括礼品，甚至包括由对方提供交通和食宿经费的采访。他说，他所在的报社对"红包"(包括第三种)的接受度"约等于零"，他补充说，如果对方组织的采访活动，报社认为有采访价值，记者即使加入采访团，也会要求自己单独付费。

看到这些事情，我们不能不敬佩地说一声：洋人真"厚道"啊！

厚道是做人应有的品质。每一个人，无论男女老少，无论国籍民族，都应当做一个厚道人。只有这样，我们的社会才会有高尚的风气，我们的生活才会有人性的光辉。

2010年10月24日，武汉大学一个班的大学生去长江边上野游。当时那里也有其他人在游玩，同学们玩得正开心的时候，突然听到有人喊救命。原来有个小孩不慎掉入水中，此时正在水里挣扎。

于是，当时有几个同学奋不顾身地跳入水中，向那个落水小孩游去。其余的同学则在水边搭起人梯，准备等小孩救上来的时候把他拉到岸上。

最后，小孩是救起来了，可是有3名大学生却再也没能上岸。这段水域水流很急，早已经看不到3名大学生的身影。

经过了很长时间的打捞，3名大学生的遗体被打捞上来。但是，打捞几位大学生的船夫居然向学生家属要几万元作为"打捞费"！英雄的同学们哭着乞求船夫把要价降低一些，而在场围观的群众则纷纷咒骂船夫"不厚道""没人性"，事件最后付诸公安系统才得到解决。

其实像船夫这样不厚道的人大有人在。如果一味地顾着自己的利益，而不估计别人的感受，做出令人不齿的事情，这种不厚道的行为是应该遭到公众的鄙视和唾弃的。

公众在评价一个人时，应更多地看重一个人是否厚道，更多地关注人的内在品德。因此，做人当厚道，只有这样，我们才能仰不愧于天，俯不怍于人，才能够坦然的问心无愧。

"做人要厚道"这句话的流行，是由于当今社会出现的信任危机，让原本浅显的做人道理成为时时需要自省和提醒他人的流行语了。"厚道"是处世的前提，人要想学会"处世"，首先要学会"做人"。"做人"就是立身处世，是以道德律己，以道德待人。经常人给我一横眉，我还人一笑脸；人给我一暗箭，我坦然回以报之。"厚道"使人体会到交际沟通之道，只有你拥有了"厚道"，在交际之中才会无往而不胜。

《佛光菜根谭》中指出："径路窄处，留一步与人行；滋味浓的，减三分让人尝。"可谓是涉世一极乐法，乃做人之厚道也！

厚道者懂得，为人处世首先需要忍耐，然后要学会吃亏。就像拳击一样，一个轻拳都得不到的人，是站在拳击台以外的人；拳击家有特别经打的铁下巴，吃几个轻拳根本不在乎，完全可以忍得住。而他的一记重拳往往能结束战斗或得高分。你也不能打占别人便宜的主意，占小便宜容易吃大亏，所以一定要明白"吃亏就是占便宜"这个道理。

厚道，就是不刻薄，待人好，能广结善缘，朋友多了，自然路子就宽了。一颗宽厚仁慈的心，温润尔雅，如同春风拂面，使人明善向佛。一种智慧豁达眼界，宽广厚重，即使周身困境中，也能探寻一丝希望之光，使人明理入道。就如同星云大师的心性一般，厚德载物。

人们需要在和颜悦色中交往，在和蔼可亲中相处。中国汉语中的"和"字，是从"龢"简化为"咊"，再从"咊"转化而来的。它有多重含义：相安，谐调，平息事端。和美，和睦，和衷共济。祥和，和平，和气，和悦。除了有对立统一的"阴阳之和"的意思之外，还有"合适"、"恰当"、"适中"、"无过无不及"的"恰到好处"之意。

其实，在生活中有许多争吵都是很没有必要的。有这样一句很流行的顺口溜："人生本是一台戏，因为有缘才相聚。为了小事发脾气，回头想想又何必？"仔细想想，确实是这么一回事。人与人之间没有什么深仇大恨，只是些鸡毛蒜皮的小事，为什么要争吵不休呢？与事以和为贵，做人应该有一颗仁和之心、谦和之德、温和之气、慈和之容。人与人之间，彼此少一些盛气凌人，多一些态度温和，凡事换位思考，就会减少一些不必要的争吵。退一步海阔天空，不仅能够有一份好心情，也能增进彼此情谊，改善人际关系，何乐而不为呢？

🪷 谦让，厚道者的名片

> 以谦虚处世可以获得尊重；
>
> 以明理办事可以明白是非；
>
> 以恭敬待人可以广获善缘；
>
> 以道德修身可以升华人格。
>
> ——星云大师《佛光菜根谭》

中国是礼仪之邦，从古至今都推崇谦让的美德。星云大师有一句说给年轻人的话："谦让自会有路，何必争在一时。"这句话是教导年轻人不要因为年轻气盛而过多地争强斗狠，而应当懂得谦让。拥有了谦让，你美德的名片上便自然被冠以厚道者的美称。

美国拳王乔·路易在拳坛所向无敌。有一次，他和朋友一起开车出游，途中，因前方出现异常情况，他不得不紧急刹车。不料后面的车因尾随太紧两辆车有了一点轻微碰撞。后面的司机怒气冲冲地跳下车来，嫌他刹车太急，继而又大骂乔·路易驾驶技术有问题，并挥动双拳，大有想把对方打个稀巴烂的架势。乔·路易自始至终除了道歉的话外再无一语，直到那个司机骂得没趣了，扬长而去。乔·路易的朋友事后不解地问他："那人如此无理取闹，你为什么不好好揍他一顿？"乔·路易听后认真地说："如果有人侮辱了帕瓦罗蒂，帕瓦罗蒂是否应为对方高歌一曲呢？"

乔·路易给人们好好地上了一堂关于谦让的课，我们不禁感叹：身为拳王，能做到如此，可算为谦让的楷模了。生活中人与人之间难免会有麻烦，如果大家都能适时地谦让，就可以避免很多不必要的摩擦。

一日，非洲肯尼亚的小村落来了一位从美国回来看看父亲故乡的年轻人。他刚到村口，就看见一群族人拿着长矛，在那里激烈地谈论着。上前一问，原来他们是要和另外一个部落打仗。年轻人不解地问其原因，一位族人气愤地说道："那个村子的人和我们抢地盘，抢走我们的果实和庄稼，我们之间的争执已经很久了。每一次都要大动干戈地打上一回。"这位年轻人摇摇头，向族长说出了自己的想法，让他去和邻村的人谈判。族里的人虽然想抢回自己的土地，但更加希望和平，于是便让年轻人去了。几个小时后，年轻人满意而归。当问其究竟，他说："这很简单，我对那里的族长说我们愿意送给你们一些土地，但是希望你们不要再抢我们的粮食了。"他们也希望和平，听到这些条件他们当然愿意，还带来了一些水果和粮食。两族之间几十年的矛盾被年轻人这样解决了，他从此成为族人心中的英雄。而这个年轻人就是美国现任总统奥巴马。

奥巴马用他的行动告诉人们：其实谦让很简单，做到与人和睦相处、与人为善，那么，从善如流也是顺理成章的事情了。但是，谦让也不是一件容易的事。我们小时候都读过孔融让梨的故事。一只梨，无论大小，都是微不足道，但对于一个四五岁的孩子来说，也算是不小的财富。

如何把孔融让梨的精神发扬光大，让人们在日常生活中，时常学会谦让，凸现我们礼仪之邦的风范呢？答案就是，方便留于别人，美德属于自己。

有一位绅士要去处理一件急事，在去的路上要经过一座独木桥，到了独木桥之后，刚走几步便遇到一个孕妇。绅士很礼貌地转过身回到桥头，让孕妇过了桥。孕妇一过桥，绅士又走上了桥。这次都走到桥中央了，又遇到了一位挑柴的樵夫，绅士二话没说，回到桥头让樵夫过了桥。

第三次，绅士再也不贸然上桥，而是等独木桥上的人走过后，才匆匆上了桥。眼看就到桥头了，迎面赶来一位推独轮车的农夫。绅士这次不甘心回头，摘下帽子，向农夫致敬："亲爱的农夫先生，你看我还有两步就要到桥头了，能不能让我先过去？"农夫眼睛一瞪，说："你没看我急着去赶集吗？"

话不投机，两人争执起来。这时河面上浮来一叶小舟，舟上坐着一个胖和尚。和尚刚到桥下，两人不约而同请和尚为他们评理。

和尚双手合十，看了看农夫，问他："你真的很急吗？"

农夫答道："我真的很急，晚了便赶不上集了。"和尚说："你既然急着去赶集，为什么不尽快给绅士让路呢？你只要退那么几步，绅士便过去了，绅士一过，你不就可以早点过桥了吗？"

农夫一言不发，和尚便笑着问绅士："你为什么要农夫给你让路呢，就是因为你快到桥头了吗？"

绅士争辩道："在此之前我已给许多人让了路，如果继续让农夫的话，便过不了桥了。"

"那你现在是不是就过去了呢？"和尚反问道，"你既已经给那么多人让了路，再让农夫一次，即使过不了桥，起码保持了你的风度，何乐而不为呢？"绅士满脸涨得通红。

学会谦让，我们的生活里就不会再有故事中农夫和绅士这样的争执了，我们的工作中也不会再有"明争暗斗、论资排辈、偷工减料"的小人行为了；我们的交往中也不会再有"尔虞我诈、油嘴滑舌、花言巧语、出口伤人"的口角战争了。

学会谦让，是我们日常生活中的一门必修课，我们要时刻切记保持勤学善举。只要我们人人都能够坚持不懈地学会谦让，那么我们的现实社会就将永远是一个国泰民安、繁荣昌盛、和谐幸福的美丽家园。

放低你的身段

一点慈悲，不但是积德种子，也是积福根苗；

一念容忍，不但是无量德器，也是无量福田。

——星云大师《佛光菜根谭》

古语云："满招损，谦受益。"这超越时空的智慧，直到今天仍然值得我们借鉴。

星云大师也曾说过："一个人只懂得如何做事是不够的，最重要的是还要学会如何做人。"

我们要牢记这些充满这哲思的教诲，越是成功，越要认清自我，摆正心态，杜绝骄矜，做一个拥有谦逊美德的人。

《劝忍百箴》中对于骄矜问题是这样论述的：金玉满堂，没有人能够把守住。富贵而骄奢，只会自食其果。国君对人傲慢就会失去政权，大夫对人傲慢就会失去领地。魏文侯接受了田子方的教诲，不敢以富贵自高自大。骄傲自夸，是出现恶果的先兆，而过于骄奢注定要灭亡。人们如果不听先哲的话，后果将会怎样呢？

贾思伯平易近人、礼贤下士，客人不理解其谦逊的原因。贾思伯回答了四个字：骄至便衰。他始终戒骄戒躁，谦逊待人。

但在现实生活中，骄横自大的人是大有人在。一个骄矜的、眼里就没有父母的儿子，自然成不了孝子；一个骄横的、颐指气使的领导，自然不能获得下属的拥戴。和骄矜对立的一面是谦恭、礼让。罪恶往往都产生于骄傲自大，而谦让是自我约束、克制骄傲的结果。

自从电视连续剧《编辑部的故事》播出之后，剧中李冬宝的扮演者葛优便大红大紫，成为知名度很高的喜剧明星，各种片约接踵而至，影迷们称他为"葛大爷"，评论界更冠以"丑星"的称号。

面对成绩和荣誉，葛优并没有沾沾自喜，也不想当"葛大爷"和丑星。

一次，葛优出席影片《上一当》的首映式，一位记者采访他："正是因为好多女性看中了你的幽默和潇洒，才觉得你是够档次的爷儿们。现在市面上女同胞都亲切地叫你'葛大爷'。"葛优听罢忙说："不敢，别这样称呼，让我折寿。虽然头上秃了点，还算个潇洒青年。再说，观众是上帝呀，咱不能把辈分颠倒了。若是'上帝'经常来电影院欢度时光，那我情愿喊他们'大爷'……我称不上'丑星'，也不想当什么'明星'。那玩意儿晚上还有点亮，到白天就看不见了。"

葛优的回答极其幽默，又极其谦虚。

葛优的低调，源于对自己的才能有充分的自信，源于来自内心的低调做人的智慧。他在公开的场合得体谦逊，无哗众取宠之意，为自己赢得了良好的社会形象。

康熙十六年，于成龙被擢任福建按察使，主管一省司法。去福建上任前，他吩咐下人买了数百斤萝卜放在船上。有的人不解地问他：萝卜又不值钱，买这么多干什么？他回答道："沿途供馔，得赖此青黄不接的时候，以用糠杂米野菜为粥。"即使有客人来了，也和他一同吃薄粥。他对客人说："我这样做，可留些余米赈济灾民，如若上下都和我一样行事，更多的灾民会渡过难关，存活下来。"江南、江西的百姓因为于成龙自奉简陋，每天只吃青菜佐食，所以给他起了个外号"于青菜"，以示亲切景仰。于成龙喜欢饮茶，考虑到茶价很贵，他不愿意多破费，便以槐叶代茶。他让仆人每天从衙门后面的槐树上采几片叶子回来，一年下来，把那棵树都快采秃了。

于成龙身体力行，使爱好奢侈艳丽的江南民俗大为改变，人们摒弃绸缎，以穿布衣为荣。一些平日鱼肉百姓的地方官，因知道于成龙好微服私访，每遇见白发伟躯者便胆战心惊，以为是于成龙，不得不有所收敛。

康熙二十三年，于成龙病死在两江总督任上。僚吏来到他的居室，见这位总督大臣的遗物少得可怜，而且都不值钱。床头上放着个旧箱子，里面只有一袭官袍和一双靴子，大家忍不住唏嘘流涕。

于成龙去世的消息传出后，江宁城中罢市聚哭，家家绘像祭奠。出殡那一天，江宁数万名百姓，步行20里，哭声震天，竟淹没了江涛的声音。

当年，康熙帝巡视江南，沿途所延访的官吏，无不对于成龙啧啧称赞。康熙帝不无感慨地对随行的人员说："朕博采舆论，敢称于成龙实天下廉吏第一，于成龙真百姓之父母，朕肱股之臣啊！"

在生活上简朴、低调的于成龙，不仅修炼了自身的品德，而且赢得了人们的交口称誉。好的名声，是靠个人的修养、品质、业绩和成就换来的，而不是靠高调宣传出来的。真正有品质、业绩和成就的人，绝不会刻意高调地宣传自己。事实上，刻意宣传自己的人也不可能真正获得民众的认可。

真正的明智者之所以不会自吹自擂，因为他知道宇宙广大、学海无涯、技艺无穷，终其一生，也不能洞悉其中的全部奥秘。而一些平庸之辈，满足于一知半解，他们用富丽堂皇的话装饰自己，以讨得廉价的喝彩，这样的人无疑是失败的。

做事与做人，是硬币的两面。高调做事者，必须同时追求人际关系的和谐；低调做人者，也必须学会不避嫌怨，高调做事。

一代名君唐太宗曾对侍臣说过："天下太平了，自然骄傲奢侈之风容易出现，骄傲奢侈则会招致危难灭亡。"

唐代的杜审言（杜甫的祖父）。唐中宗时做修文馆学士，为人恃才自傲，曾对人说："我的文章那么好，应该让屈原、宋玉来做我的衙役，我的字足以让王羲之北面朝拜。"

诗圣杜甫的祖父杜审言有些太自不量力了，最终遭到后世之人的嘲笑。其实，骄傲自夸只能显出他见识的短浅，并没有人真的认为他的才能会有那么大。

而杜审言直到晚年也没有因为对自己的高调推销而被委以重用。可见，如果不能够保持谦逊的品格，不仅得不到世人的认同，还有可能被后人所耻笑。

低调是金。在别人为自己的利益吵嚷不休的时候，他已经开始默不作声地思考着如何能够最好的完成这件事情。低调做人，高调做事，面对工作中的小摩擦和小成就时保持不骄不躁的平和心态，这是一个厚道者的处事智慧和哲学。而这种低调的智慧，往往给厚道者赢得好的口碑，带来他们追求的成功。

当今社会，总有些人习惯以自我为中心，把自己看得太高，而偏偏又把别人看到太低，总以为别人这也不行，那也不行，唯独自己最行。这种人往往不会被外界所接受，反而会遭到嘲笑和孤立，变得无所作为。

在《三国演义》中就有这样一个典型人物——祢衡。

建安初年，20岁的祢衡初游许昌。当时许昌是汉王朝的都城，名流云集，司马朗、荀攸、赵稚等人都是当世名士。有人劝祢衡结交司马朗等人。祢衡说："我怎能跟杀猪、卖酒的在一起。"有人劝他参拜荀攸、赵稚，他回答道："荀某白长一副好相貌，如果吊丧，可借他的面孔用一下；赵某是酒囊饭袋，只好叫他看守厨房。"这位才子唯独与少府孔融、主簿杨修意气相投，对人说："孔文举是我大儿，杨德祖是我小儿，其余碌碌之辈，不值一提。"由此可见他是何等狂傲。

献帝初年间，孔融上书荐举祢衡，大将军曹操有召见之意。祢衡看不起曹操，抱病不往，还口出不逊之言。曹操求才心切，为了收买人心，还是给他封了个击鼓的小官，借以羞辱他。

一天，曹操大会宾客，命祢衡穿戴鼓吏衣帽当众击鼓为乐，祢衡竟在大庭广众中脱光衣服，赤身露体，使宾主讨了场没趣。曹操对其恨之入骨，但又不愿因杀他而坏自己的名声。便把祢衡送给荆州牧刘表。祢衡替刘表掌管文书，颇为卖力，但不久便因倨傲无礼而得罪众人。刘表也聪明，把他打发到江夏太守黄祖那里去。祢衡为黄祖掌管文书，起初干得也不错，后来黄祖在战船上设宴，祢衡因无礼而受到黄祖呵斥，祢衡顶嘴骂道："死老头，你少啰嗦！"黄祖急性子，盛怒之下把他杀了。当时祢衡仅26岁。

祢衡文才颇高，本有一技之长，但他桀骜不驯、恃才放旷，不仅没有因为这一技之长而受惠于世，还因为他太过狂傲张扬，以致断送了性命。

现代社会中也不乏这种不懂得放低姿态做人的人，他们总以为自己很了不起，在得意的时候，总夹不住自己傲气的尾巴，以为自己博学多才、满腹经纶，而不可一世、目中无人。

星云大师经常告诫年轻人要放低姿态做人，这是一个看透尘世的长者对初涉世事的年轻人的忠告。

有一个年轻人，大学刚毕业就进入出版社做编辑。他的文笔很好，在编辑部首屈一指，然而更可贵的是他低调的处世态度。

当时出版社正在进行一套丛书的编辑，每个人都很忙，但老板并没有增加人手的打算，于是编辑部的人也被派到打印部、业务部帮忙。但整个编辑部只有那个年轻人接受老板的指派，其他人都只去过一两次就抗议了。他们说："我是编辑，不是打杂的！"

这个年轻人每次都乐呵呵地去帮忙。他真是个可随意指挥的员工，后来他又去业务部，参与直销的工作。此外，他还去跑印刷厂、邮寄……

两年过后，他自己成立了一家出版公司，做得还不错。原来他是在帮忙的时候，把一个出版社应有的编辑、发行、直销等工作都摸熟了。

第四章　养深积厚，广结善缘
——星云大师谈厚道

年轻人的故事告诉我们，只有放低自己的身段，虚心学习，不断充实自己，才能获得成功。

放低姿态，是以一颗诚挚的心去对待人和事，是清醒中的一种睿智的人生经营。放低身段，生活中还会更多几分快乐。

即使你在事业上，春风得意、大权在握，也不妨放低自己的身段，不让自己凌驾于众人之上；放低自己的身段，让自己的头脑时刻保持清醒，让自己永远是一个受人尊敬的人。

有一位信徒到寺院礼完佛后，便到客堂休息。才坐下来，就听到一位年轻的知客僧对已经非常年老的信德禅师道："老师！有信徒来了，请上茶！"

不到两分钟，又听到那位年轻的知客僧叫道：

"老师！佛桌上的香灰太多了，请把它擦拭干净！"

"拜台上的盆花，请别忘了浇水呀！"

"中午请别忘了留信徒用饭。"

这位信徒只见年老的信德禅师在知客僧的指挥下，一下子跑东，一下子往西，实在看不过去，就问信德禅师道："老禅师！知客僧和您是什么关系呀？"

老禅师非常得意地答道："他是我的徒弟呀！"

信徒大惑不解地问道："这位年轻的知客僧，既然是您的徒弟，为什么要让他指挥您干活啊，一下子叫您做这，一下子要您做那呢？"

老禅师非常欣慰道："我有这样能干的徒弟，是我的福气。信徒来时，只要我倒茶，并不要我讲话；平时佛前上香换水都是他做，我只要擦一擦灰尘；他只叫我留信徒吃饭，并不叫我去煮饭烧茶，寺内上下一切都是他在计划、安排。这给我很大安慰，否则，我就要很辛苦了！"

故事中的这位老禅师不因为自己是师父而高高在上，而是放低身段，听从徒弟的安排，非常低调地处理寺内事务。这种大家风范自然获得人们的推重。

其实，放低自己的身段，是难得的超凡脱俗、淡泊平和，是对人的真实本性的理解和把握，是人生的一种高品位的精神享受，是对人性的和历史的继承和超越，更是一个谦逊厚道的君子所恪守的人生智慧。

  人事和，则万事俱兴

> 得理而能饶人，是谓厚道，厚道则路宽；
>
> 无理而又损人，是谓霸道，霸道则路窄。
>
> ——星云大师《佛光菜根谭》

星云大师曾说："人事和，则万事俱兴。"自古以来"和"就是一种文化，是需要人们精心呵护和培育的传统美德。中国有句俗话叫"万事以和为贵"，"以和为贵"的思想随着中华文明，流淌了几千年。遇事以和为贵，大和则少许多干戈，小和则少许多烦恼。

前面提到的白隐禅师受到信徒冤枉，将别人私生的孩子捡回抚养，他不辩解，无怨尤，带着孩子四处托钵，化缘奶水，受尽讥笑打骂，直到真相大白，却只是简单地说："这个小孩是你们的，你们就抱回去吧！"白隐禅师含忍慈悲，自己受委屈不要紧，也要尊敬对方的人格和颜面。

一次，梦窗国师搭船渡河，无故被一位将军辱骂鞭打，他不但不生气怨恨，还能体谅将军，心平气和地说："不要紧，出外的人心情总是不太好。"梦窗禅师为人体谅的心，应该可以给现代为了不如己意的一句闲话，一个脸色，就大动干戈、刀枪相向的浪子，甚深启示。

长期以来，"和"一直是人们所追求的一种理想生存境界。王夫之在《周易外传说卦》中所说："天地以和顺为命，万物以和顺为性。"自然界是如此，人类生活、社会生活也不例外。人与人之间相处得是否和谐，对自己的学习、工作、生活以及思想情感、行为方式都有很大的影响。

很多近代成功的企业家都非常注重人和。因为只有人和了，才会有企业的强盛。

创办申新纱厂的大企业家荣德生治厂以明德、明诚对待属下，"管人不严，以德服人"，"使其对工作不生心，存意外"，"自治有效"。他说用人"必先正心诚意，实事求是，庶几有成。若一味唯利是图，不自勤俭，奢侈无度，用人不当，则有业等于无业也"。

被誉为松下"经营之神"的松下幸之助也十分重视"和"在企业管理中的作用。他说："事业的成功，首在人和。一群人在一起做事情，最重要的是同心协力，团结一致。公司能不能团结一致，往目标上努力，是企业成功与失败的关键。"

由此可见，儒家的仁爱思想，对于建立和谐的人际关系，增进员工之间、员工与企业之间的感情，建设企业文化，具有重要的现实意义。

中国人自古以来对于"和"非常重视，尤其表现在军事、政治方面，认为"和"是国家强盛、军事强大的重要因素之一。

《孙膑兵法·篡章》列举用兵得胜的五条："得主未制，胜。知道，胜。得众，胜。左右和，胜。量敌计险，胜。"他把取得下级兵将的支持和兵将和睦团结，作为用兵取胜五个条件中的两个，可见他对"和"的思想是多么重视了。《荀子·五霸》说："上不失天时，下不失地利，中得人和，而百事不废。"大意与孟子的那番话差不多，强调了天时、地利、人和三者的重要。

日本的田佐吉在创建丰田纺织公司时，他经营管理的座右铭是"天、地、人"三字，强调"和为贵"，其管理思想就是来自于孟子"天时不如地利，地利不如人和"。

"天时不如地利，地利不如人和。"这是孟子在《公孙丑下》篇中说的话，而三者之中，"人和"是最重要的，起决定作用的因素，"地利"次之，"天时"又次之。

现在的"和谐社会"就是为了拉近人与人之间的距离才提出的。走到哪里，你都能看到和谐的一幕幕：公共汽车上，人们有秩序的排好队，遵守"先下后上"的规矩，即使人再多，也不再显得拥挤；马路的一端，一位红领巾少先队员扶着拐杖的老奶奶过马路；一位报童手捧着厚厚的一叠报纸，蹒跚地走在人行道上，一个不小心，跌倒在地，手中的报纸顿时撒了一地，马上有几个热心人围拢过来，帮报童捡起洒落一地地报纸……这一张张和谐的画片像一个个美妙跳动的音符，构成了一曲最美、最和谐的乐章。

以上的情景在生活中，我们希望越多越好，但很遗憾的是，生活中其实还有很多不和谐的场景：

公交站点的座椅伤痕累累或是被弄脏；图书馆里总有人拿东西占座；电影院里总有人抽烟、打电话来回走动；高楼上偶尔来个"天女散花"，往下掉一些碎纸片、包装盒、垃圾袋等等；在一些道路两边，总有私家车乱停乱放，霸占了人行道和盲道，堵塞交通；在火车站或是汽车站候车室，有些人脱了鞋倒头便睡甚至鼾声如雷，极不雅观，也不安全……

我们现实生活中所说的"和"，不仅是指和睦的人际关系，还包含和谐的社会环境。如果每个人都能做到将心比心，心存厚道，这些不和谐的人和事就会绝迹。

"人和"是儒家思想的精髓，是中华民族灿烂文化中的重要组成部分。它涉域宽广，贯穿古今。它被圣贤称颂，被世人追求，被君王传承。星云大师说："人和是非常宝贵的，万事兴自人和，万物荣自人和。"

天堂与地狱里的人吃饭，使用的筷子都是三尺长。

地狱里的众生，每当有人夹起菜要往嘴里送，因为筷子实在太长，使用不方便，还没等送到自己嘴里，就会被左右的人抢了吃，因此彼此怨怪，争吵不休。

而天堂里的人，一样用三尺长的筷子夹菜，但他们不是往自己的嘴里送，而是你夹给我，我夹给你，因此你感谢我，我感谢你，彼此和乐融融。

其实这个故事的真正寓意是：只要有了人和，那么便能营造出天堂一样的世界。但倘若失去了人和，那就只能生活在地狱一样的世界了。

每个人都要别人的帮助才能生存，因此要懂得相互扶持；能有"同体共生"的认知，才能共存共荣。人要懂得"以和为贵"，一个家庭中，夫妻、父母、兄弟、儿女之间要能和谐；一个团体里，上下、同事、劳资、股东之间，也要能和谐。所谓"和气生财"、"家和万事兴"；又谓"二人同心，利能断金。"人和的重要，由此可见。

民国初年军阀割据时代，一位高僧受大帅邀请素宴。席间，却发现在满桌精致的素肴中，有一盘菜里竟然有一块"猪肉"，高僧的徒弟故意用筷子把肉翻出来，高僧却立刻用自己的筷子把肉掩盖起来。一会儿，徒弟又把猪肉翻出来，打算让大帅看到，高僧再度把肉遮盖起来，并且在徒弟的耳畔轻声说："如果你再把肉翻出来，我就把它吃掉！"徒弟听到后就再也不敢把肉翻出来了。

宴席后高僧辞别了大帅。归寺途中，徒弟不解地问："师父，刚才那厨子明明知道我们不吃荤的，为什么把猪肉放在素菜中，我当时只是要让大帅知道，处罚他而已。"

高僧说："每个人都会犯错，无论是'有心'或'无心'，如果刚才大帅看见了猪肉，盛怒之下把厨师枪毙或严重惩罚，这都不是我所愿见的，所以我宁愿把肉吃下去。"

徒弟点着头，深深地体悟这个道理。

人生在世，与人交往，不是善待他人，就是不善待他人，没有其他的选择。两相比较，无论对自己，对别人，还是对社会，善待他人都是一种比较好的选择。善待他人能够推动人们相互之间的理解和合作，促进人们同心协力营造一个人和的社会环境，从而使每个人都感到温暖和快乐。

星云大师说："邀千百人之欢，不如释一人之怨；希千百事之荣，不如免一事之丑。"与人为善，处处为别人考虑，才堪称领悟了禅的真正境界。

《阿弥陀经》云：

"西方极乐净土，诸上善人，聚会一处。"之所以如此，就是因为和谐。和谐就是净土，一家和谐，就能一家快乐；一个小区和谐，小区就能平安。

其实，在大自然中也给了我们类似的启示。池塘里，美丽的荷花也须绿叶的陪衬；花园里，翩翩飞舞的蝴蝶，也要有彩色才会更美丽。雨后的彩虹，正因为它能包容各种不同的色彩，故能展现美丽的"七彩霓虹"。

同样的，一个团体里，能干的人，大都能促进和谐；不能干的人，则容易引起纷争。人与人之间，能够容许异己的存在，就能和谐；尊重宽谅，就能和谐。

自古以来，人和就贯穿于人们的生活之中。"天时不如地利，地不如人和"，是奉劝君王施仁政；"得道者多助，失道者寡助，寡助之至，亲戚畔之，多助之至，天下顺之"，是给统治者敲响了的警钟；"老吾老以及人之老，幼吾幼以及人之幼"，是向民众提出的倡议；"爱人者，人恒爱之。敬人者，人恒敬之"，是"仁者爱人"的心声。人和，古人为之折腰，今众乐意追求。

诚信，厚道者通行证

在家庭里，要做诚信孝顺的儿女；

在学校里，要做尊师重道的学生；

在工作上，要做勤奋谦让的君子；

在信仰上，要做正信真理的智者。

——星云大师《佛光菜根谭》

一位哲人说过："在朋友面前，我不会隐藏什么，我将毫无保留地展现一个真实自我。我的快乐、我的悲伤会暴露得淋漓尽致。我的乐趣会经常地让你分享，我的烦恼也会不时地向你倾诉。也许我的某一句言词会伤及你，但我绝不是有意，如果我能意识到，我会真诚地请求你的原谅。我愿坦诚面对每一位朋友，同时也希望所有的朋友能以诚相待。"

人生在世，会遇到形形色色的人，但无论对谁，我们都要以诚相待，用真诚唤起人们内心深处真实的情感。诚信待人，才可见人性之美，才能寻得真正的朋友。

我国乃诚信礼仪之邦。早在战国初期，孔子及其弟子就曾在《论语》中多次提出交友需讲诚信。如曾子曰："吾日三省吾身：为人谋而不忠乎？与朋友交而不信乎？"孔子曰："谨而信，泛爱众而亲仁。"子夏曰："与朋友交，言而有信。"还有孔子的"不患人之不己知，患不知人也。"

时至今日，两千多年过去了，世人早已从古代走向了文明，但这些讲与朋友交往，要真诚信用、言行谨慎、善于了解别人长处的名言却值得我们永远牢记。

只要你是一个真诚厚道的人，你就一定会得到别人同样的真诚，同样的厚道。

凡读过《三国演义》人，大都忘不了第三十六回刘备送徐庶的感人场面：

玄德立马于林畔，看徐庶乘马与从者匆匆而去。玄德哭曰："元植去矣，吾将奈何？"凝目而视，却被一片树林遮断。玄德的鞭指曰："吾欲伐今此处树木。"众人问其故，玄德曰："因阻我望元植之目也"……这难舍难分之情，令人悄然动容。

玄德此言此行，有谁不能被感动呢？众所周知，刘备以织履起家，他文不如诸葛，武不如关张，但终成帝业，这与他礼贤下士、善于团结人才、重用人才有很大的关系。从他对徐庶的一片挚情，便不难明白何以有那么多的能人志士甘愿为他出生入死，尽孝尽忠，鞠躬尽瘁，肝脑涂地。

其实，这些感动都是来自真诚的力量。

俗话说：人心换人心，四两换半斤。赤诚待人，肝胆相照，人亦必披肝沥胆，以诚报之。

庄子亦云："人不精不诚，不能动人。"

何为"诚"？星云大师认为，诚既可理解为诚实，也可理解为诚信。一方面，诚实的人不说谎话，一就是一，二就是二，与这样的人交往，不怕被骗。另一方面，诚信的人不会说话不算话，说到做到，与这样的人交往，不怕失望。

诚从何来？来自执著而强烈的事业心，来自对人的由衷关心和爱护，来自与共事者在工作中长期结成的深情厚谊。一句推心置腹的话，一个真诚的关照，远比万言阿谀奉承真诚的多。

王先生做生意素以真诚待人而受到圈内人的好评。

有一次，王先生的公司要与香港的一家公司合作，派王先生为公司代表去签合同。双方谈得很是投机，很快就把合同递上来了。

王先生拿过合同准备签字，突然发现合同上的金额不对。本来是300万的项目，可能是由于录入员的失误，多打了一个0，变成了3000万。如果签下了这个合同，王先生的公司的收益就会增加10倍！

可是王先生并没有签字，而是立即给对方指出了这个错误，言明金额有错误，不希望给对方带来损失，因此不能签字。对方很高兴，表示在生意场上像王先生这样真诚待人的人真不多见，与王先生合作很让人放心。

于是自愿把金额追加到了500万。

王先生的真诚之心为自己的公司换来了利益，也为自己换来了非常不错的生意伙伴。

像王先生这样，在生意场上能够如此诚信，实在值得当世的很多人学习。

现在人大都比较现实，讲究感情投资。就是把感情当作一种资本，投放到某个人身上，意在赢取以心换心的高额效益。但这种投资多乏真诚，而虚情假意一时很好，绝不能长久！纵使你满脸堆笑，也落得个"强亲者虽笑不如"的结果。

诚信立人，厚道待人，正直做人，这是厚道者的人生哲学，而诚信，永远是厚道者快乐人生的通行证。

第五章 与人是慈悲，与己得精进

——星云大师谈舍得

内心充满欢喜，他才能把欢喜给你；他的内心蕴藏着无限的慈悲，他才能把慈悲给你。自己有财，才能舍财；自己有道，才能舍道。有的人心中只有贪嗔愚痴，他给人的当然也是贪嗔愚痴。所以我们劝人不要把烦恼、愁闷传染给别人，因为舍什么就会得什么，这是必然的因果。

——星云大师

布施的境界

> 喜舍摄伏贪欲，行喜舍，可以广结善缘；
>
> 慈悲化解瞋恨，修慈悲，可以积聚福德。

——星云大师《佛光菜根谭》

星云大师说："舍得既是一种处世的哲学，也是一种做人做事的艺术。舍与得就如水与火、天与地、阴与阳一样，是既对立又统一的矛盾概念，相生相克，相辅相成，存于天地，存于人世，存于心间，存于微妙的细节，囊括万物运行的所有机理。万事万物均在舍得之中，才能达至和谐，达到统一。你若真正把握了舍与得的机理和尺度，便等于把握了人生的钥匙和成功的机遇。"

人生在世，每个人都想远离一切诸难恐怖，灭除一切身心苦恼，《根本说一切有部毗奈耶药事》中明白地指出："布施人爱咸恭敬，名称远闻香普熏。是故智者常行施，求乐除悭得无畏。"

那么，何为"布施"呢？布施是佛教用语，是以慈悲心而施福利与人之义，也指施与他人以财物、体力、智慧等，为他人造福成智而求得累积功德，以致解脱之一种修行方法。

星云大师说："世间的钱财是生活所需，但除却金钱之外，人还有其他比钱还可贵的东西。"

下面这个寓言故事，就形象地说明了这样的道理：有钱没钱不是主要的，有钱人要知足，还要懂得花钱、懂得布施，懂得让财富发挥应有的作用。

有一只狗到法院去按铃申告，法官很意外，问它："人总免不了有冤屈不平，你做条狗，生活单纯，来告什么状呢？"狗委屈地诉说："有一天我到李四家去乞讨饭食。我依照狗讨饭的规矩。可是李四竟然用棍子打我，他侵犯我的'狗权'，我要请法官判他的罪。"

法官听了，不禁莞尔，问狗："你们跟人讨饭吃还有什么规矩呢？"狗回答："狗上人家的门要饭吃，只有前面的两条腿可以伸进门槛里，后面的两条腿一定要在门外，我遵守狗的规矩，李四怎么可以打我呢？"法官觉得狗的申诉有理，就问它："李四打狗是不对的，可是这是我生平第一次判决狗向人告状的事，我要怎么处罚李四呢？我想听听你的意见。"

狗欣喜地说："请罚他来世做个大富翁。"法官诧异地说："你不处分李四，反倒给他讨了便宜。"狗子神色黯然地说："法官大人，你有所不知，我的前世就是个家财万贯的富翁，从来不肯施舍半分，给予急难贫困的人，没有发善心去救济亲戚朋友。因为我为富不仁。像个守财奴，今生才沦为狗身。我要求法官你判李四来世做个富翁，让他被黄金蒙蔽了智慧，最后也尝尝做狗的滋味。"

钱，可以使鬼推磨，甚至一文钱能逼死一位英雄好汉；钱，能令兄弟破坏手足之情；钱，能令夫妻对簿公堂……所以说钱多不一定是好事。

但金钱也不是毒蛇，区别就在于我们运用它时的智慧。

布施能使人远离贪心，如对佛、僧、贫穷人布施衣、食等物资，必能招感幸福之果报。小乘布施之目的，在破除个人吝啬与贪心，以免除未来世之贫困，大乘则与大慈大悲之教义联结，用于超度众生。

　　佛陀的十大弟子之一大迦叶尊者，是一个证悟的阿罗汉。他的性格，不欢喜向富人化缘，专门向贫苦的百姓化缘，大迦叶认为那些大富长者，荣华富贵，享用不尽，又何必与之化缘，让他们锦上添花呢？穷人所以贫穷，是过去没有布施、积福，今生贫苦无依，应该给他们有种植福田的机会，以脱离贫穷之苦。

　　一天大迦叶尊者在外面托钵、行化。他看到一位衣衫破烂的老婆婆，就上前说："老婆婆，请你布施一些东西给我好吗？"

　　老婆婆腼腆地说："尊者呀！我什么都没有，就只有这一身破衣服，除此以外别无长物，怎么布施东西给你呢？"

　　"既然你这么贫穷，可以把贫穷卖给人。"大迦叶温和地说着。

　　"贫穷怎么好卖给人呢？谁要来买？"老婆婆不明所以，反问尊者。

　　"我要买。"迦叶笃定而简捷地回答。

　　"你要买贫穷，那我怎么卖法？"老婆婆若有所悟，进一步追问。

　　"只要你肯布施，布施就是发财的方法。比方说你现在发一点喜舍的善心，在发生地震、水灾时，可以尽你的能力，去帮助受难者。只要我们将种子播下去。都会有收成的。"

　　老婆婆听了很高兴，赶紧将仅有的破衣剪一块下来，对迦叶说："尊者！我就以这一块布布施给你吧！"

　　老婆婆因为这一点善心，后来生到忉利天，享受天人的福报。

　　在上面这个故事中，穷苦的老婆子卖贫买富，并不是天方夜谭的神话故事，而是唾手可得的身边事。她布施了一块破布，即转贫为富，换得快乐长寿，感得天人福报。

　　由此看来，"布施"并不是有钱人的专利，它贵在发自于内心；布施没有贫富的差别，重在心意的虔敬。没钱人想要"卖"掉今生来世的贫穷，施与舍是最简单的方法。

物质上的布施或许非人人可为之，但生活中你的一个微笑、几句暖话等随缘随喜的布施，是人人都可以做到的。

有一分恭敬心，就能消除一分业障，增长一分福德和智慧；有十分恭敬心，就能消除十分业障，增长十分福德和智慧。很多时候，布施贵在诚挚，而不在于多寡，布施如果失去了真诚，也就失去了虔敬的意义。

有一个贫穷的女孩经过一座寺庙，刚好盛逢法会期间，她看到很多人到寺庙打斋、点灯，做种种的结缘布施，心里很羡慕。而自己靠乞讨过日子，哪里有什么钱可以布施呢？直到有一天她遇到一个好心的人家，给了她几文铜钱，她忍耐饥肠辘辘，拿着这几文铜钱到寺庙，做虔诚的布施。寺里的住持大和尚为她的真心所感，亲自为她诵经、祝福。

这个女孩高兴地离开寺庙，因为饥饿的关系，她靠在路边的树下休息。刚好国王到民间巡视，远远看到有金色光芒闪烁，走近一看，一个衣衫褴褛、面上满点壳心灯的；是污垢的女孩身上正发着金光！国王把她带回王宫，让她沐浴，换上新装。经过化妆之后的女孩，更显高贵秀丽。国王渐渐喜爱她，不久便封她为皇后。

从乞讨的贫女，摇身一变成为皇后之尊，女孩心想：一定是布施的功德，才有此福德因缘。于是她准备了十大车的金钱宝物。载运到寺庙，供僧打斋。这一天供养时，只有知客师出来迎接。她心中很纳闷，以前只有几个铜钱的布施，住持和尚亲自为我诵经、祝福，为什么今天我用几千万倍的布施反而只有知客师父出来招待？她向知客师父央求要见住持和尚，知客师答道："我们的住持和尚表示，当初你的布施虽然微少。却是你的所有，那时候，你的心清净虔诚。此时，你虽然带着十大车的金钱，但是大和尚看不到你供养的心，只看到你骄恃和傲慢。

星云大师告诉我们："钱，可以污浊恶臭，也可以清净芳香；钱，可以造成一座孤独地狱，也可以使人人亲如骨肉。钱，如果是池塘的泥沼，我们要记得播种莲花，让莲叶田田，十里飘香。"

钱财的布施固然可贵，但更重要的是要开发我们内在的圣财。正如《法句经》所说："信财戒财，惭愧亦财；闻财施财,慧为七财。"

孔子云："己所不欲，勿施于人。"因此当我们在做身、口、意等种种布施时，所要别人领受的，一定是你想要的。

102

有个村庄，住了两户人家。东家的主人王善是一个虔敬的佛教徒，为人乐善好施，喜欢与人结缘。有一天，王善外出办事，在返家途中遇到一位衣衫褴褛跛脚的法师,正沿路托钵乞食，他行动十分不便。王善素来恭敬三宝，看到这位法师气宇轩昂，相貌堂堂，虽然跛脚，还能如此精进办道，刻苦自励，敬佩之心不禁油然而生。于是上前问道："法师慈悲！有缘在这里相遇，看您如此精进修行，实在令人感动！可不可以请您到寒舍来，接受我的供养呢？"

法师微笑地点点头，随缘到王家挂单借宿。王善则时时关心、处处照顾，护持这位跛脚法师的日常生活。

岁月匆匆，一年的光阴很快地过去了。跛脚法师深感在王家叨扰已久，心中非常过意不去，也想到其他地方参访学道,于是向王善面谢告辞。王善再三挽留，仍敌不过法师的去意，也只好在临别前，准备丰富的干粮和盘缠供养法师，让他沿途的生活支用能够不虞匮乏。

跛脚法师走后，王善整理房间，无意中发现床下竟有跛脚法师留给他的一箱黄金，箱子外贴有一张字条，写着"好心有好报"。王善看着这箱黄金，心想："这么多的金子，该怎么用呢？"他灵机一动："有了！不如运用这箱黄金，请人修建一栋大楼，专供游方参访的云水僧行脚安单。"

西家的李四闻风到处探听，究竟王善有什么神通变化，能在一夕间成为巨富，仔细打探下，才知道原来王善曾供养一位跛脚法师。

贪心的李四自然也想依样画葫芦，图得厚利，于是派人四方寻觅，希望找到那位跛脚法师。然而一个月过去了。仍无一点消息。李四心急如焚，发财美梦眼看就要泡汤了，正在愁眉不展时，迎面正好走来一位和尚。财迷心窍的李四，赶紧命人将和尚抓起来,并把他的腿打断。可怜的云水僧无缘无故地被打断腿，还被软禁在李家好些天，不得安宁。临走时，又被李四无情地呵责。

李四赶走和尚后，迫不及待地掀开床，瞪大眼睛。往里面东搜西寻。猛然一阵锥心的刺痛涌上心头，原来一只毒蝎子正张着两只大钳子蜇着他。李四因而一命呜呼，命丧黄泉。

李四贪得无厌，完全被自己的贪欲、瞋恚、愚痴心所蒙蔽，以至于自食恶果。与之相反，王善本着一颗慈悲心，济助出家人安心办道,布施而不着相，反而获得无量无边的功德。

《说罪要行法》中提到："所为布施者，必获其义利；若为乐故施，后必得安乐。"《大庄严经论》卷二说："无病第一利，知足第一富；善友第一亲，涅槃第一乐。"

所以说，荣华富贵不是想要有就会有的，而是要懂得播种，并且有因缘。

舍而后能得

舍而后能得，爱而后能惜；

动而后能活，静而后能明；

大而后能容，空而后能有；

虚而后能实，知而后能行。

——星云大师《佛光菜根谭》

舍，看起来是给别人，实际上是给自己。你给别人一句好话，别人才能回你一句赞美；你给人一个笑容，别人才能对你回眸一笑。舍和得的关系，犹如因与果之相互关联，因果是相转化的，舍与得也是互动的。

出家僧侣割爱"舍"亲，便能出家学道，"出家无家处处家"；佛陀"难行能行，难忍能忍"，因为他能够"割肉喂鹰，舍身饲虎"，所以才能成就佛道，教化众生。

《舍得：星云大师的人生经营课》一书中对舍和得的关系有这样的阐述：

能够舍的人，一定是拥有富者的心胸；如果他的内心没有感恩、结缘的性格，他怎么肯舍给人，怎么能让人有所得呢？他的内心充满欢喜，他才能把欢喜给你；他的内心蕴藏着无限的慈悲，他才能把慈悲给你。自己有财，才能舍财；自己有道，才能舍道。有的人心中只有贪嗔愚痴，他给人的当然也是贪嗔愚痴。所以我们劝人不要把烦恼、愁闷传染给别人，因为舍什么就会得什么，这是必然的因果。

诸佛菩萨之所以面容光彩无忧、处所庄严无垢，是因为他们喜舍一切所有，满足众生的愿求，最后成就为清净庄严的世间觉者。

1974年，佛光山举办"大专青年夏令营"，在台湾应该还是初创的营队，全省的大专青年来研究佛法的为数不少。星云大师深觉青年是社会的栋梁，于佛教也是将来的中流砥柱，于是好好礼遇他们，与他们欢喜结缘。

两个星期的课程结束时，大师想起刚落成的朝山会馆，应该让他们参观一下，借此展现佛教也能顺应时代，拥有现代化的设备接引大众，体会佛光山的现代化建筑之美。同时，让他们感受庄严的佛国净土，明白佛经中描述的西方极乐世界，黄金铺地、七宝妙树成行、玛瑙琉璃等堆砌而成的亭台楼阁。

当知客法师带领他们一间一间地参观时，大师深怕年轻徒众不能作适切的介绍，所以尾随而至。入馆不久，来了四位国语不太标准的游客，待询问后才知道她们来自新加坡，便邀请她们一同参观会馆。同学们一阵阵的赞叹声在开门间响起，当大家参观到唯一的高级套房时，更是雀跃不已。其中一位少女说："这么好的房子，如果可以在这里住上一晚，我死了也甘愿。"

星云大师一听，这么严重，只要住上一晚死了都甘愿。一向抱持随喜随缘的态度，听到这么渴求的愿望时，怎么忍心不满其所愿呢？立刻说："欢迎你们今天就住在这里。"她很意外地说："真的吗？""当然是真的。"

星云大师随即下楼向管理主任索取钥匙，她最初不肯，磨蹭了一会儿，才不情愿地交出钥匙，并且说道："师父！您真傻喔！随便将这么上等的套房给不认识的人住，万一……"星云大师心想，也可以有现代的天方夜谭吧！对于只要住一夜，死了都甘愿的她，又有什么不可以呢！

不久以后，星云大师收到四个女孩的一张10万元的支票，此后每年法会，她们都会寄上一大笔的油香钱。因为一份的随喜结缘，让佛光山多年来有了这许许多多意外的因缘，大师只不过是随缘给别人一点欢喜，却能让她们种下善根，这不是一件很美的事吗？

舍，在佛教里就是布施的意思！布施，就如尼拘陀树，种一收十、种十收百、种百可以结果千千万万。所以我们如果希望长命百岁、荣华富贵、卷属和谐、名誉高尚、身体健康、聪明智慧……就先要问：你春天播种了吗？否则秋天怎么会有收成？

能舍什么，就能得什么，这是必然的道理。走路时，"舍"去后面的一步，便能跨出向前的一步。作文时，"舍"去冗长的赘语，便成为精简的短文。庭院里的花草树木，你"舍"去枯枝败叶，它就长出青嫩的新芽。都市中，如果你"舍"去简陋的违章建筑，便能建设市容整齐的现代大都会。

总之，以舍为得，妙用无穷。我们要能学习"舍"的道理，培养"舍"的习惯，形成"舍"的性情，享受"得"的乐趣。

世间万物，有来有往，有进有出，人给我，我给人，都是同等的重要。所谓"财法二施，等无差别"。来与往，进与出，都是同等的重要。

某位居士的夫人悭吝不舍，对于社会的任何善举，从不响应，丈夫请默仙禅师给予开导。

禅师至其家中，见到女主人，即刻伸开手掌，问曰："我的手，经常如此，不能收缩，如何？"夫人曰："这是畸形！"禅师又再把手合起来，问道："如果每天只是紧握而伸不开，如何？"夫人曰："这也是畸形！"禅师说："自己不爱惜东西，全部给人，这是畸形；自己对金钱紧握不放，一文不舍，这也是畸形！"

禅师说后，即刻告辞而去。某居士的夫人这才知道，自己平时不肯为世间乐善好施，原来是一个畸形的人生。

"大丈夫能屈能伸"，如果只能屈不能伸，或者只能伸不能屈，就是畸形。同理，有的人只想接受别人的赏赐，自己不肯回馈社会大众，所谓一毛不拔、一钱不舍，这也是畸形。能够有来有去，有去有来；收受同等，进出自如，这才是正常合理的行为。能给能舍，能舍能受，方为智者所为。

传说有一天，阎罗王正在审判分发小鬼们投胎的去处。阎罗王的抚尺一拍："张三你到东村去投胎做人。""李四你到西村去做人。"只听到堂中的抚尺声此起彼落，阎罗王依序分派。等在一旁的猴子，忍不住开口抗议说："阎罗王，无论张三或李四，你都给他们到人间投胎，你发发慈悲心，也让我这只猴子，尝尝做人的滋味。"

阎罗王说："猴子啊！人的身上没有长长的毛，你全身上下都是毛茸茸，怎么到人间去做人呢？"猴子说："我把身上的毛拔光，不就可以到人间去了吗？"阎罗王拗不过猴子再三的哀求，答应帮猴子拔毛。阎罗王伸手拔了一根毛，猴子痛得吱吱叫，一溜烟逃之夭夭。阎罗王叹了一口气说："连一毛也舍不得拔，怎么有资格去做人？"

如果今生悭吝，"一毛不拔"，不肯与人分享，与人为善，如猴子"拔一毛而利天下我不为也"，怎么有资格做人呢？

星云大师说："我们到人间为人，必定是前世做过许多的善事功德。要做一个布施的智者，或是一毛不拔的猴子，就在愿不愿意舍得！舍得利益分享，舍得患难相助，舍得随手服务，舍得爱语赞美，舍得用身口意行广大施。"

"喜舍" 的智慧

行善之要只在 "喜舍"，
朋友之交只在 "情义"，
修身之道只在 "正派"，
为人之德只在 "谦让"。

——星云大师《佛光菜根谭》

《四十二章经》说："仰天吐唾，唾不至天，还堕己面；逆风扬尘，尘不至彼，还坌己身。"舍，要有章法，要有智慧。施舍就如送礼给人，如果我们所送的礼物不恰当，对方不肯接受，那就只有自己收回。施舍不当，适得其反；施舍得法，才能事半功倍。

昔日有一对孤儿寡母，家徒四壁，一无所有。纵使外境清贫，母子俩却不以为苦，他们以佛法为精神的食粮。在朝暮课诵，研读佛经中，获取许多知识。

母子所处的国家，有位无视人民困苦，整日沉迷酒色的昏君。纵使荒淫度日，随着岁月的推移，看着逐渐苍老的面孔，国王越感死亡的降临，胆怯的内心，使他变得不快乐。

某日夜里，死亡的恐惧再度浮现，扰得他彻夜难眠。思维着如何摆脱死亡带来的恐惧，国王心想："今生做尽坏事，不问民间疾苦，死后必入地狱。何不趁有限的生命，揽尽天下金银珠宝，贿赂一下阎罗王，相信可以免去罪业。"

隔日，国王命大臣四处搜刮钱财，并下令："举凡私藏一文一钱，将处以死刑。"上自王公贵族，下至凡夫走卒，无一幸免。如是三年，举国上下，已一贫如洗。贪心的国王仍嫌不足，又谎称，只要有人供出一分一毛，便将公主许配给他。

这对母子早已不满国王的恶行，儿子想借此时机进谏，他告诉母亲："父亲往生时，我们拿了一枚金币含在嘴边，现在将此金币拿去贡献给国王，母亲以为如何？"母亲点头答应。

于是，儿子拿着金币进宫觐国王。见到金币，国王欢喜若狂，急着问："你从何处得到这枚金币的？"

儿子回答："是从先父的嘴里取出，当时打算贿赂阎罗王。今日听闻国王将以爵位换得黄金，因此费了好大的力气，从坟墓里挖掘出来献给您。"

国王又问："你父亲往生多久了？"

"12年了。"儿子回道。

"难道你不用再贿赂阎罗王了吗？"国王满脸狐疑。儿子说："佛经教导：善恶有报，祸福如影随形，如同我们的影子，不论身体走到哪里，都紧紧地跟随，不知国王是否认同？"国王点头如捣蒜。儿子又说："身体是由四大假合而有，一旦四大分离，神识便会离开肉体，四处游荡，为了神识而花钱贿赂阎罗王又有何用？国王因前世行善积德，才得今生为王的果报。如今，您又以仁心仁德治国，名声遐迩争传。现世虽未得道，来生相信能再为国王。"

儿子的一席话，听得国王喜出望外，随即下令，大赦狱中囚犯，退还搜刮的钱财，终获人民的爱戴与拥护。

上面故事中的这对母子虽然贫穷，但也不乏聪明和智慧，当然这和他们研读佛经有关。这对母子"布施"金币给荒淫残暴的国王，应该是置

第五章 与人是慈悲，与己得精进
——星云大师谈舍得

109

生死于度外的"施舍"，他们以非凡的勇气用一枚金币换得天下大赦以及民众的爱戴，这样的"舍"赢得的是最有价值的"得"。

渔人在捕鱼，一只鸢鸟飞下，叼走了一条鱼。有无数只乌鸦看见了鱼，便聒噪着追逐鸢鸟。鸢鸟不论飞东飞西，满天的乌鸦都是紧追不舍，鸢鸟无处可逃，疲累地飞行，心神涣散时鱼就从嘴里掉下来了。那群乌鸦朝着鱼落下的地方继续追赶。鸢鸟如释重负，栖息在树枝上，心想：我背负这条鱼，让我恐惧烦恼；现在没有了这条鱼，反而内心平静，没有忧愁。

鸢鸟的这种当舍能舍性格值得当下的人们学习，生活中，我们承载着金钱物质、知识技能等负重前行，如果不懂得当舍弃即舍，就会有不尽的麻烦和困扰。相反，如果舍给别人好的事物，你的烦恼、悲伤、无明、妄想就会大大减少，你的人生自然就会是一番新境界。

做父母的不怕为子女付出，他们往往为子女操劳一生，但最后往往晚景凄凉。所以，父母在形容那种只知花钱惹麻烦、不懂得感恩的子女时常常称其为"讨债鬼"，意思就是前世他们欠了这孩子的债，今世就用烦神、折磨来让他们还债。

有一位富翁，生了三个儿子，大儿子最讨他欢心，聪明能干，帮他经营管理，赚进了不少金子，所以他管大儿子叫黄金子，能替他招财进宝。二儿子也算精明，虽然没有大儿子的聪明，也能为他牟利不少，因此二儿子叫做白银子。有两个黄金白银的儿子，富翁应该是称心如意才对，偏偏最小的儿子是个败家子，把家里吃的用的都拿去送人，富翁打骂都没有用，只要他稍微不注意时,小儿子又把成斗的白米送给上门的乞丐。这个小儿子最让富翁生气烦恼，大骂他是讨债鬼，早晚会把家产败光。

过了几年，三个儿子分家，偏心的富翁，十分家产，大儿子得了五分，二儿子得了四分，剩下一分薄产给小儿子去过活。慢慢的，富翁年老卧病，他打电话叫大儿子黄金子回家看他，大儿子说，爸爸，我每天忙着事业，连睡觉都没有时间，以前您不是教育我们，世界上什么都是假的，只有钱才是真的，有钱才会给人重视、肯定！爸爸我可以替您请最好的看护，把您送到一流的安养中心。富翁失望地挂上电话，他需要的是亲情的安慰，不是安养中心的看护。他试着再打电话给二儿子。

"白银子，我是爸爸，我生病了，你回来看看我好吗？"电话的那一端沉默了几秒钟，才听到声音传来。

"唉！爸爸。最近我流年不利，股票被套牢，工厂快周转不灵，爸！对不起，您可以借我一点钱吗？"

寂寞无助的老人，没有办法，只好打电话给小儿子。小儿子一接到父亲的电话，马上就赶回家，并且安排医院，给父亲最好的治疗。富翁住院期间，每天都有访客来慰问，每个人都向他诉说小儿子帮助他们的事，使他们绝处逢生，重见光明，甚至有人对他磕头道谢。

富翁这才觉悟，一向被视为"讨债鬼"的小儿子，其实是替他广结善缘。想到这里，富翁两行老泪纵横，他悔恨年轻时，只看到黄金白银，看不到人情恩惠的价值。

上面这个有关"讨债鬼"的经典故事，说明人生中，有时候也会有舍而不得的时候，尤其是在养育子女方面，往往辛苦一生，并不能得到相应的回报。不过庆幸的是，"舍"之东隅，"得"之桑榆，这个被富翁称为"讨债鬼"的小儿子，替他施舍结缘，使他看到了人情恩惠的价值。

舍得要讲究点儿"舍""得"之道，如果情爱是束缚，你能舍去情爱，不就得到自在了吗？如果骄慢是烦恼，你能舍去骄慢，不就能得到清凉了吗？如果妄想是虚妄，你能舍去妄想，不就能得到真实了吗？如果挂碍是痛苦，你能舍去挂碍，不就能得到轻松了吗？

能舍弃什么，就能相应地得到什么，施舍就像深井汲水。你越是舍得提水灌溉，给人饮用，井里的水就越是清澈不绝！

一个青年背着个大包裹千里迢迢跑来找无际禅师，说："大师，我是那样的孤独、痛苦和寂寞，长期的跋涉使我疲倦到了极点；我的鞋子破了，荆棘割破了双脚；手也受伤了，流血不止；嗓子因为长久的呼喊而沙哑……为什么我还不能找到心中的目标？"

大师问："那么，你的大包裹里装的什么呢？"

青年说："它对我很重要了。里面装的是我每一次跌倒时的痛苦，每一次受伤后的哭泣，每一次孤寂时的烦恼……有了它，我才走到您这儿。"

于是，无际禅师带着青年来到河边，他们坐船过了河。上岸后，大师说："你扛着船赶路吧！"

"什么？扛着船赶路？"青年很惊讶，"它那么沉，我扛得动吗？"

"是的，孩子，你扛不动它。"大师微微一笑，说，"过河时，船是有用的。但过了河，我们就要放下船赶路，否则，它会变成我们的包袱。痛苦、孤独、寂寞、灾难、眼泪，这些对人生都是有用的，它能使生命得到升华，但须臾不忘，就成了人生的包袱。放下它吧！孩子，生命不能太负重！"

青年放下包袱，继续赶路，他发觉自己的步子轻松而愉悦，比以前也快得多了。

我们很多时候，都像故事中的青年一样，背着沉重的包袱过日子，这使我们痛苦不堪，举步维艰。要想摆脱烦恼，快乐起来，最好的办法就是放下你的包袱。只有放下包袱，我们才会步履轻松、心情舒朗地阔步前进。

星云大师说："处境愈顺遂的人，一旦不如意的时候，他就愈放不下。"而对起起落落的人生，有一句名言：放下身段！因为世间终究是"花无百日红，人无千日好"，能够放下身段，才能"放得下、提得起"。即如清朝的末代皇帝溥仪，原为九五之尊，但是到了最后却在北京的中山公园做一名清洁工。如果他不能放下，又怎么能生存呢？

有一个婆罗门外道，一次带了两个花瓶去见佛陀。佛陀一见面就叫他"放下"，婆罗门依言放下手中的花瓶。

佛陀又叫他"放下"，他又放下了另一只花瓶。

佛陀又说："放下！"

婆罗门不解："我已经都放下了，你还要我放下什么呢？"

佛陀说："我叫你放下，不是叫你放下花瓶,我是要你将傲慢、嫉妒、怨恨等不善的念头与不好的情绪，都要能放下。"

功名富贵人人追求，能够得到也并不是不好;但如果因缘不具而失去，也要能放得下。

人生要能大能小、能屈能伸、能有能无、能高能低，如果一句话他就放不下、一件事他也放不下，甚至为一个人而放不下，又如何承载更大的责任呢？

星云大师《迷悟之间》有云："人的一生中，不管扮演什么角色，都有几次上台下台的经验，就像一场京剧，都有不断地上台下台。人生的数十寒暑，就是在上台下台当中，匆匆过去了。"

上台下台，有上有下，这表示自然。新婚的男女，走上了人生的舞台，甚至一些青年，成年礼后，他也要步上人生的舞台。教师，为了教书，上课时要准备上台，教过书后，下了课也要准备下台；音乐家上台唱

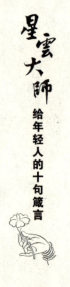

歌，一曲过后，他也要下台；政治家，上台以后，也要有下台的准备。人生要能上能下，日子才能安然。

🪷 用钱的学问

> 财富流动，才能造福社会；
> 心意流动，才能通达无碍。

——星云大师《佛光菜根谭》

　　星云大师说过，积存储蓄金钱，并不一定是我们的，但如果拿来种福田则享用不尽。金钱抓得太紧不会用是吝啬；太浪费不知节制也是不当。当赚要赚，当舍得舍，有来有去，用得适当，是最好的金钱观。

　　有一个人存了许多的黄金砖块，藏在家里的地底下，一藏就藏了30多年。在这些年中，他虽然都没去用过，但只要偶尔去看一看心里就欢喜了。

　　有一天，这些金砖让人偷去了，他伤心得死去活来。旁边有人问他："你这些金砖藏在那边几十年了，你有没有用过它呢？"他难过地说："没有。"那个人又继续说："你既然没有用过，那不要紧，我去拿几块砖头，用纸包起来，藏在同一个地方，你可以常常去看，把它当作金砖藏在那里，这不是一样可以欢喜吗？又何必这么伤心呢？"

有道是："良田万顷，日食几何？华厦千间，夜眠几尺？"石崇生前万般积聚，富可敌国，但是到了最后，死无葬身之地，比起身居陋巷的颜回求法行道，不改其乐，你说什么是真正地拥有呢？

人生在世，没有钱不行，但钱也不是万能的，因为除了金钱以外，我们还有很多更有意义、更值得追求的东西。

星云大师早年在宜兰成立念佛会时，一些青年人一心想要随他出家学佛，但是那时星云大师自己都居无定所，又没有自己的道场寺院，自忖无法尽到教育的责任，所以予以婉拒，劝他们说："你们在家修吧！"

其中，有一对男女黄世梁先生与林秀兰小姐，后来结为连理。20年后，得知星云大师在高雄创建佛光山，便跑来找他："当初你没有让我们出家，现在能不能让我们到佛光山做义工？"大师反问："为什么放着老板不做，却要跑到佛光山来做这些小工做的杂事？"他们说："梁武帝是一国之尊，曾经三次舍身同泰寺，以'佛奴'自居。大家各有心愿嘛！"

大师觉得这个观念让人赞佩，便告诉他们："佛光山是深山古寺，在这里修道，每天不但要早起，还要吃素，为大家服务，甚至要扫地倒茶……"他们更是欢喜，把台北的店面结束，举家迁来佛光山，每天早出晚归，从事杂役，任劳任怨，一做就做了20年。他们甘愿在佛光山做义工，也从不惹是非，不说人闲话，家里留给他们的产业欢喜布施，与十方大众结缘。星云大师常常说："你们在这里服务，我也没给你们钱，为什么你还要拿钱给我呢？"他们认为："钱，我们也用不上，而师父却可以运用这些钱，到世界各地弘扬佛法、普度众生，不更有意义吗？"

星云大师说："每个人对金钱、对人生都有不同的看法与诠释，有的人一生尽是追求金钱、工作、爱情……有的人执著名利、物质的丰厚，有的人却为自己创造精神领域的丰富，有的人以服务人群为志业。"

　　乐于到佛光山做义工的黄世梁夫妇，对金钱有常人所达不到的体悟：钱不是越多越好，钱用到最有意义的地方才更有价值。所以他们才放弃作为老板的权势，放弃金钱带来的"快活"，与大众结缘，为自己创造欢喜、快乐的因缘，追求更高、更广的生命价值。

　　拥有财物而不用，和没有财物有什么差别呢？拥有财物而不会用，和无用有什么不同呢？河水要流动，才能涓涓不绝；空气要流动，才能生意盎然。吾人之财物既然取之于大众，必也用之于大众，才合乎自然之道。

　　一心想要拥有，不如提倡用有。像冯谖散财于民，让孟尝君拥有人心，只算是懂得用有的初步；更高一层应如爱迪生将发明创造所得的专利用于为众生谋福，松下幸之助将企业所有盈余用于教育文化上让社会蒙利。这是用有，不是拥有。

　　星云大师《舍得的艺术》中有云："真正的用有不易做到，一旦执著财物是我的，用的对象就不广泛，用的心态就不正确，用的方式也有所偏差。其实，吾人的一生空空而来，空空而去，吾人的财物也应空空而得，空空而舍。对于世间的一切，拥有空，用于实，岂不善哉！"

　　布施金钱，不是用来买一份虚名，不是在于数目的多寡，而是以一份诚心来赢得自己的欢喜和自己的心安理得！

　　星云大师《往事百语》中有这样一段话：

　　"反观涛涛浊世中，一些人坐拥财富珍宝，出入汽车洋房，一旦死后，尸骨未寒，不肖子孙即为分配财产而争论不休，生前的所有钱财不但带不走，尚且形成后世的祸源，宁不悲乎？还有一些人，汲汲营营，贪图小利，放高利贷，招人标会，于金钱之积聚无所不用其极，到头来倒债倒会，一生的辛苦还是归为别人所有，宁无悔乎？佛陀在2500年前，即已说明：财富是五家所共有——水火、刀兵、盗贼、暴政和不肖子孙，因此教我们要布施结缘。有一首诗将这些情况描写得十分贴切：一粒落土百粒收，一文施舍万文收。与君寄在坚牢库，汝及子孙享不休。"

凡事不必向钱看，因为比金钱宝贵的东西还有很多，例如慈悲、道德、智慧、和谐、欢喜、关怀、情义等等，这些才是取用不尽的真正财富。

佛光山时期，有一位初中毕业的木工师傅萧顶顺先生帮星云大师建设佛光山。他不会画图，星云大师也不懂建筑，不过他们两个很有默契，常常在一路巡视勘查时，星云大师讲出他的需要，萧师傅用心记下来，遵照大师的构想，帮他完成心中勾绘的模型。

他们没有办公桌，也没有一张蓝图，几年来，萧师傅一直在佛光山建房子。星云大师也曾关心他说："你这么多年来，在佛光山不停地建房子，依你现在建筑的经验，如果到社会上发展，要买几幢房子，并不困难；而你帮我在佛光山盖房子，你的房子在哪里呢？你怎么没想到去赚钱，为自己买土地盖房子呢？"

萧顶顺回答说："我才不想赚钱买土地建房子，这几年我在佛光山赚了满满的欢喜，这份欢喜，不是土地或房子可以相比的。"

星云大师还谈到：萧顶顺先生数十年来赚了不少的"欢喜"，至今他仍然在为佛光山海内外道场的建筑煞费苦心。从年轻到鬓发添白，不论烈日当空还是冷风彻骨，他的心依旧如三四十年前，一腔热情，广设天下僧林，令三宝长住五大洲。

美国富翁比尔·盖茨和梅琳达·盖茨夫妇，以及沃伦·巴菲特日前倡议全美的亿万富翁宣誓，在有生之年或死后将自己的一半家产捐给慈善机构。这被称为是"日落条款"，规定捐赠人应设定一个最后期限，届时他们或者其继承人必须将资产直接支付给慈善机构。这或将改变整个慈善事业的面貌，亦激发对"裸捐"的新讨论。

《财富》杂志估算，如果他们取得成功，那么将募得近6000亿美元，这将大大改变美国的慈善事业，成为一股强劲的慈善风暴，席卷全球。

一生之中，能赚到数以亿万计金钱的人并不多，但是我们也能从美国的这些富翁的故事中得到启发：钱来之于社会，应当回馈于社会。这些心内的法财，胜过银行的利息和红利；这种用钱的学问，胜过世间一切学问。

金钱如水，必须要流动，才能产生大用。如何用钱是一种甚深的智慧，而用钱最好使大众都能获得取之不尽、用之不竭的般若宝藏，才能使自己永远享有用钱的快乐。所以，拥有钱是福报，会用钱才是智慧。

舍我的大气

人，要给人利用才能创造价值；

人，要学习伟大才能留下历史。

——星云大师《佛光菜根谭》

星云大师说："如果用入世的眼光来看，什么都是我的，其实什么都不是我的；如果用出世的态度来看，什么都不是我的，其实什么都是我的。太执著于拥有的人生固然辛苦，太放弃、太空无的人生也未免过于晦涩，最好是能将两者调和，以出世的思想做入世的事业，以享用而不占有的观点来奉献社会，才能为自己、为大众铺设一条康庄的人生大道。"

星云大师初到台湾的那几年，居无定所，经常随喜帮助别人；有人兴学，他帮忙教书；有人办杂志，他协助编务，有人讲经，他帮他招募听众，有人建寺院，他助其化缘……更有些老法师发表言论，怕开罪别人，都叫他出面，他则义之所在，从不推辞。因此，一些同道们都笑他，说他总是被人利用来打前锋，当炮灰。

1965年，他自行创办佛学院，年近80岁的唐一玄老师在课余闲聊时对他说："给人利用才有价值啊！"

给人利用的价值，其实就是舍小我利大家，星云大师这看似迥异世俗的言论，却道尽了他自己多年来的心声，他以此为信念，引此为知音，并且数十载的人生岁月里一直践行这个原则，心甘情愿地与人为善，被人利用，无形中为他的人生开拓了无限的"价值"。

星云大师初来台时，为了弘扬佛教法义，他义务为《人生月刊》担任编辑，不但为撰文排版伤神，为改稿润笔熬夜，还得自付交通费，倒贴邮票钱。前后约六年的时间过去了，发行人反而要星云大师感谢他，他对大师说："你利用这个杂志发表文章而出了名。"这个世界上，谁"利用"谁，真是很难定夺啊！

刚开始到宜兰传教时，星云大师办了各种接引年轻人的活动。有些青年不喜欢枯燥的定期共修法会及佛经讲座，常常借故缺席，却兴高采烈地参加佛歌教唱、国文导读等课程。旁人常劝他不要白费心机："这些青年没有善根，只是贪图有歌可唱，或想免费补习国文，预备将来考学校而已，他们不是真心信仰佛教的！"他一笑置之，心想：即使如此，我也愿意成就他们，被他们"利用"。

所以，我们不必斤斤计较谁利用谁，因为世间一切事相都是互相缘起，而愿与众人一齐享有互相利用的成果，就能发挥利用的最高价值了。

星云大师在高雄开创佛光山，没过多久，山下就有一家名叫"佛光"饮食店开张。有人就跟他说："师父，为什么我们佛光山的名字给他们拿去当招牌用，我们应该采取行动阻止，否则外人都误会佛光山在做生意。"星云大师也感到非常无奈，但是想到"佛光"能普照大地，不正示佛教法力无边吗？不久，"佛光新村"，"佛光砂石场"、"佛光旅行社"、"佛光大旅社"、"佛光加油站"等都一一出现了，甚至台北、嘉义等地还有以"星云"来作为大楼名称者，徒众更埋怨了，纷纷表示抗议。星云大师告诉他们："诸佛菩萨连身体脑髓都要布施了，一个名字也算不了什么！""我们的名字能够给人去跟，只是贪图有利可图，他们不是真心信仰佛教的！"星云大师还是一笑置之，心想：即使如此，我也愿意成就他们，被他们"利用"。

做人要能被利用，才是有用之人；物品要能被使用，才是贵重之物。我们不能做物质的奴隶，而是要做物质的主人，过有道德的生活。

当我们行走街头，目睹贫富贵贱。少壮老弱和我们擦身而过，当们踏青野外，但见走兽爬虫、飞鸢游鱼与我们相视对看，焉知何者不自己过去世里的父母亲眷？究竟谁是我的，谁又不是我的呢？

我们应该像星云大师那样等视一切众生，拔苦乐，学佛行道，摆脱有情，放弃小我，成就大我。

"我不入地狱谁入地狱"，这是一句人人皆知的话。一个人如果拥有这样的胸怀，他定一个非常博爱、愿意为他人付出和奉献的人。舍我为人是一种崇高的境界，只有心灵非常美丽的人才会达到这种境界。

有一位久经沙场的将军很长时间向从谂禅师那里接受教诲，但却一直没有得道。

一日，将军去拜见从谂禅师，问："法师，我死后会去往极乐世界还是入地狱？"

从谂禅师说："入地狱。"

将军又问："那法师您呢？"

从谂禅师回答道："老僧最先下地狱！"

将军说："我是杀人无数，理所当然入地狱。法师修行一生，为什么也入地狱呢？难道法师一生白白修行了吗？"

从谂禅师当头棒喝道："我如果不下，又有谁来地狱教化你？"

这故事中的从谂是唐代著名禅师，造诣很深。他说过："金佛不度炉，木佛不度火，泥佛不度水，真佛内里坐。"意思是说，金佛通不过熔炉，木佛通不过火烧，泥佛通不过水洗，只有真佛在心里坐着。言外之意，就是说庙里供奉的用金、木、泥塑成的佛像均是偶像，经不起水火的考验，只有自身修炼而悟得的真理，才是真正的心中之佛，才是永存的佛。

星云大师是这样描述佛经中的地狱的："地狱是阴深、冷酷、黑暗和充满恐怖的地方，地狱里的犯人饱受刑烙、鞭笞、饥饿、寒冷、酷热，说不尽的惶恐战栗，讲不完的哀愁痛苦，得不到外界的关心，受不到他人的同情，度日如年，更何况死了又生，生了又死，死死生生，无有穷尽。"

然而，无数佛家子弟却甘愿付出他们最大的爱心，要亲自到地狱里去，为的是要拯救那里的众生。不但要进地狱，而且誓要度尽地狱里的众生。这种济世救人的精神，实在是太伟大、太难得了。因此，"我不入地狱谁入地狱"这句话概括了一种旷古绝今的、伟大的德行，体现了佛家对芸芸众生的责任感，淋漓尽致地表达了佛家甘为人梯、济世救人的舍小我利大我的精神。

从前有个人非常贫穷，无以自立，但志行高洁，从不做非法、非礼的事。因家里实在太穷，无法生活，他就去给一些商人当仆人。

这些商人带着这个穷人，一齐入海采宝。他们采到了不少宝贝便张帆返航但是到半路不知怎么船停了下来无论怎么划桨也无法让船前进半步。

所有商人无不惊恐万状，知道是因为采宝而得罪了海神，海神来惩罚自己了。于是连忙跪下祈祷，请海神放他们一条生路。

而那个穷人，因为自己平生不做亏心事，所以没有参与他们的祈祷。

船之所以开不动，果然是因为海神作怪。海神有心想惩罚这些亵渎了自己的商人，但船上的这个穷人可是好人，不应连累他。他想来想去整整想了七天，终于想出一条妙计。

海神想："让我考验一下这些商人吧！如果他们经得起考验我就饶恕他们；如果他们经不起考验，那我施行惩罚时，也不会连累了那个穷人。"

船在海上整整停了7天，一动也不能动，商人们都急坏了。

第七天夜里，一个商人做了个梦，梦见海神对他说："只要你们把船上的这个穷人送给我当牺牲品我就放你们走。"

他醒来之后，把这个梦告诉了其他人。

他们正秘密商议如何处置时，穷人知道了这件事。

穷人慨然说："好吧！就让我做海神的牺牲品吧！不要因为我一人，而连累你们大家。"

商人们一听穷人自愿牺牲，高兴极了，因为这样便少了许多麻烦。他们扎了小木筏，在木筏上放了些水和粮食，让穷人上了木筏之后，就扬长而去。

海神见到这情况便卷起一股大浪把商人们的船打翻使他们个个葬身鱼腹。同时，又吹起一股顺风，把穷人的木筏直送到岸边。

穷人就这样安全地回到家乡，与妻儿团聚。

这个故事中的穷人，正是凭着舍弃自我、成全别人的无上情怀，安然还乡的。俗语云：善有善报，恶有恶报。帮助别人其实就是帮助你自己。

有一个家庭主妇的故事，也让人感触良多。

有一个母亲就要过70岁生日，家人们秘密地商量着如何为她祝寿，想了半天都不知道她最喜欢什么，最后小儿子说："我知道，妈妈最喜欢吃我们每餐剩下来的饭菜。"大家想想，的确如此，于是到了这一天，儿女们就将冰箱里的剩菜清出来煮了一锅，说道："妈妈，今天是您的生日，我们煮了您最喜欢的剩菜孝敬您。"这位母亲听了，一面流泪，一面说道："是的，我最喜欢吃剩菜，几十年来，你们所不喜欢的，我都默默欢喜地承受下来。"

星云大师说："佛家的智慧很多时候就是一种舍己的智慧，这种舍己是以他人之乐为乐，以他人之苦为苦，完全抛开了个人的私利和小我的局限。我们的道德修养有限，自然无法达到佛的境界，但它至少应该是我们努力的目标，应该是我们追求的境界，毕竟，人人为我的前提，必须且一定是'我为人人'。"

第六章 思量计较苦，放下便是福

——星云大师谈放下

　　人的生活越简单就越幸福，这个道理并不是人人都懂。世人在现实生活中如果随波逐流，只去追求物质上的享受，就要经常面对各种生活压力与精神压力，长期下去这样的精神负担将会使人苦不堪言。而要想达到一个轻松自在的思想境界，就必须懂得凡事随遇而安，顺天由命而不必苛求。

——星云大师

淡泊以处世

　　把身心安住在体谅上，世界会更宽广；

　　把身心安住在淡泊中，精神会更升华。

　　　　　　　　　　——星云大师《佛光菜根谭》

　　一个人的心性是他最深刻的品质，心性不同于性格、脾气等外在的表现，而更多的是一种源自心灵深处的气质。一个人的心性的淡泊与否，对他的人生会有着巨大的影响。

　　星云大师经常强调净心的重要性，他把很多人的失败都归结为心不够净。他的一生中总是注意修身养性，最后能看破尘世，达到心神合一，心性平和的境界。

　　但是在生活中，的确又有很多人心里始终不能平静，是因为他们的心不够净。学会净心，摒除心里的污垢，才能让心性趋于平和，趋于冲淡。

　　从前，在一座深山中，有一个平和安乐的小村庄。

　　有一天，村庄来了一个奇特的老人，他在众目睽睽之下，生了一把火，把一只碗放在火上烤，并且用一根棍子在碗里不停地搅拌。搅着搅着，竟然从碗中掉出一粒粒的金块来。

　　村里的人见了，都十分惊讶。老人说这就是炼金术，只要把一些泥土和水放在碗中搅一搅，再用火烧一烧，就会炼出金子来。

村长请求老人告诉他们秘诀。经不住村民一再地恳求，老人终于点头答应了。

老人把炼金的步骤告诉了村长。之后，老人又对大家说："在炼金的过程中，千万不可以想树上的猴子，否则就炼不出金块来。"

大家听了，都觉得这很容易办到，等老人走了以后，由村长开始炼金，他一直告诉自己，不可想树上的猴子，可是越不想，偏偏猴子越是不断地浮现在眼前。

他只好交给另一个人，并一再叮咛不要再想树上的猴子。

就这样，全村的人都试过了，却没有一人能炼出金子，因为每一个人在炼金的时候，都会有树上的猴子从心中跑出来。

从这个小故事中不难看出，干一件事，尤其是干一件很简单的事情，一个人能做到百分之百的完全投入也是很困难的。俗语云，心静自然凉。可见"心静"在人们的生命中是何等的重要。然而，若想"心静"则必须先"净心"。一个整天胡思乱想、疑心重重的人是无论如何也不会净心的。这种人，即便有理想、有抱负，也很难实现，因而只能在心浮气躁中消耗残生。

从前有一个持戒僧，一生严格持戒，对自己从未放松过。

一天晚上，持戒僧因事外出。这晚天色漆黑，持戒僧走得非常匆忙，突然脚下好像踩着了什么东西，那东西好像还发出了很痛苦的叫声。

持戒僧想："坏了，是一只蛤蟆吧？肯定是一只蛤蟆！天呐，我杀生了！母蛤蟆肚子里说不定还有好多仔，这下杀生无数了。"持戒僧当时又惊又悔。这晚，他躺在床上，想着那死去的蛤蟆久久无法入睡。后来，持戒僧好不容易睡着了，却突然看到数百只蛤蟆前来索命，持戒僧吓得大叫

127

一声醒来，方知刚才只不过是一个噩梦。

终于等到天亮，持戒僧急匆匆地来到昨晚的事故现场，没有看到蛤蟆可怜的尸体，却看到一只被踩烂的茄子躺在路中央。

原来如此！持戒僧长出一口气，这才放下心来。

星云大师常说："境由心生。"人生的境遇很多是由人心变化而产生出来的。有些人总是疑心太重，甚而杯弓蛇影，让自己内心得不到安宁。所以，想要做到佛法中的无我、净心是非常困难的。修行者尚且如此，何况凡夫俗子。

惠心禅师见弟子终日打坐，有一次便问道："你为什么终日打坐呢？"

弟子回答："我参禅啊！"

惠心禅师说："参禅与打坐完全不是一回事。"

弟子回答："可是你不是经常教导我们要守住容易迷失的心，清净地观察一切，终日坐禅不可躺卧吗？"

惠心禅师说："终日打坐，这不是禅，而是在折磨自己的身体。"

弟子糊涂了。

惠心禅师紧接着说道："禅定，不是整个人像木头、石头一样坐着，而是一种身心极度宁静、清明的状态。离开外界一切物相，是禅；内心安宁不散乱，是定。如果执著人间的物相，内心即散乱；如果离开一切物相的诱惑及困扰，心灵就不会散乱了。我们的心灵本来很清净安宁，只因为被外界物相迷惑困扰，如同明镜蒙尘，就活得愚昧迷失了。"

弟子躬身问道："那怎样才能祛除妄念，不被世间之事所迷惑呢？"

惠心禅师开导说："思量人间的善事，心就是天堂；思量人间的邪恶，就化为地狱。心生毒害，人就沦为畜生；心生慈悲，处处都是菩萨；

心生智慧，无处不是乐土；心里愚痴，处处都是苦海了。"

弟子终于有所醒悟。

惠心禅师认为，你的心之所想，往往会反观到现实中去。你若整天想着人间的善，那么，自己就能活得开心，世间便是天堂；反之，如果你整天想着人间的恶，那么自己也只能郁郁寡欢，时间便同地狱。大师们参禅如此，我们的人生也是如此。

人的心性影响人的行为。当你怀着一颗恶毒的心看待这个世界的时候，这个世界也会用同样的面目来对待你；当你怀着菩萨的慈悲之心对待他人时，他人也就把你当作可以亲近的人。

约翰很喜欢徒步旅行。他在旅行时总是携带很少的行李，别人好心提醒他多带些必备品，他总是说："路没有那么长，用不着那么多东西。"

有一次，约翰独自一人去一座森林里旅行。同样地，他还是带着很少的物品。他在森林里走着走着，最后走到了森林深处。眼前已经没有路了，被一片茂密的树林挡住了前方。

约翰停了下来，左右看看。这时，一棵树后面走出来一位女神。女神对约翰说："旅行者啊，我是这森林的守护神。你可知道前方已经没有了道路？快转身回去吧。"

约翰笑着说："尊敬的女神，感谢您的指引。虽然我的路被树木所遮掩，但是只要我心中有路，我的脚下就一定会有路。"说着，约翰就径直向前走去。

说来也奇怪，等到约翰走到近前，面前挡住去路的树木竟向两边闪了开来，给约翰让出了一条路。约翰便继续向前走，最后他终于走出了森林。

森林中的猴子见此情形，纷纷询问森林女神："为什么在本没有路的地方出现了一条路?"

女神笑着回答: "因为那条路是约翰心中的路。"

人行世间, 肯定会有挫折: 有时你可能像面对的是一堵高墙, 无法前行, 无路可走; 有时你也许像是走到岔路口, 面对条条岔道, 不知道自己该选择哪一条走, 而逡巡不前。无论是止步高墙前或徘徊岔道口的人, 都面临的是不能继续前行的问题, 这是因为他们心中无路。心中无路, 面前就是终点; 心中有路, 自会走到终点。

心中有路, 有一条始终指引自己向前走的道路, 这对于我们很重要, 因为只有这样, 在人生的磨难面前, 我们才会积聚继续走下去的勇气, 才会找到自己的方向, 才能够平心静气, 排除杂念, 淡泊处事, 向自己的目标前行。

宠辱不惊的解释是, 受宠受辱都不在乎, 指不因个人得失而动心。

语出晋朝潘岳《在怀县》诗 "宠辱易不惊, 恋本难为思"。这个词要解释清楚很容易, 但真正做到恐怕就不容易了。一个人, 如果能够做到不因个人得失而动心, 那他就达到了一种淡定的处世之道。

盘邦大师说禅时, 各宗各派和各个阶层的人都欣然受教。他说法既不引经据典, 也不沉迷于学术讨论, 他的话是从心底流出的。

他的听众愈来愈多, 结果激怒了日莲宗的一位法师, 因为这位法师的信徒都跑到盘邦这儿来听禅了。

这位法师是个以自我为中心的人, 心里很不服气, 因此决定到盘邦的寺院找他辩论, 一决雌雄。

"盘邦禅师, 听说来这儿听法的无人不崇拜你, 服从你; 而像我这样的人就不服你, 你能使我服从吗?"

"到我旁边来，我可以做给你看。"盘邦不动声色地答道。

这位法师昂然推开大众，走向前去。

"到我左边来。"盘邦微笑着说道。

法师走到了他的左边。

"你最好到右边来，我们也许可以靠近一些交谈。"

法师傲然向前跨了一步，走到了他的右边。

盘邦平静地说道："你瞧，你已在服从我了，因此我想你是一位非常随和的人。"

盘邦禅师的故事告诉我们：无论遇到什么事，我们都可以采取两种截然相反的方法处理。一种是寸步不让，据理力争；另一种是开怀一笑，从容面对。前者看似精明，后者实则大气。

星云大师认为，人生应该有这样的境界：心胸如海，吸纳百川，潮起潮落，自强不息，不以物喜，不以己悲，从容面对世间一切荣辱得失、悲欢离合、爱恨情仇。这样，人就可以进入自由的境界，没有什么东西可以阻碍。

这个世界有太多的诱惑，因此也有太多的因欲望满足不了而产生的痛苦。一个人要以清醒的心智和从容的步履走过岁月，他的精神与心态中必定不能缺少淡泊与平和。否则，他不是活得太忧郁，就是活得太无聊。淡泊与平和不是不求进取，不是没有追求，不是无所作为，而是以一颗纯美的灵魂对待生活，从容面对一切意外。把握自己不愁世事艰难，得失沉浮坎坎坷坷常会有，功名利禄平平淡淡最为真。

离欲者必能无恼

行善者必能销恶，离欲者必能无恼；

助人者必能得福，慈爱者必能无怨。

——星云大师《佛光菜根谭》

132

　　当今，我们每个人都身处物质社会里，所以难免会滋生出各种各样的欲望。面对这些欲望，如果我们不能够加以克制，往往会坠入欲望的深潭而无法自拔。

　　佛陀的时代，波罗脂国有两个虔诚的比丘。

　　一天，他们听说佛陀要在舍卫国大开法筵，演说妙法。二人便相约，一同前去听佛陀开示法要。

　　炎炎烈日下，二人挥汗如雨地低头疾行，走着走着，越来越觉得口干舌燥，但一路上却没有发现半点水源，二人只得耐着口渴，继续往前赶路。

　　正当二人走得精疲力竭的时候，突然，眼前一亮！一口水井就在前面不远处！

　　二人宛如沙漠逢甘霖般，欣喜地前去汲水。

　　然而，当他们把水汲出井后，却发现水中有虫。这时，其中一位比丘，顾不得水中有虫，就迫不及待地一饮而下。

　　而另一位比丘，只是默然地站立于井边。

　　喝了水的比丘见状就问："你不是也很渴吗？为什么现在却不喝了

呢？"这位比丘答道："佛陀有制戒，水中有虫不得饮用，饮了即犯杀生戒。"

喝了水的比丘就相劝说："您还是喝了吧，不然渴死了，连佛陀都见不到，更别说听经闻法了！"

另一个比丘听完，不为所动，说道："我宁可渴死，也不愿意破戒而苟活！"

这位坚持不喝水的比丘就因此而丧命了，但由于持戒的功德力，比丘往生后立即升到天道，当天晚上就以神通力抵达佛所，顶礼佛陀，佛为他说法，便得到了法眼净。

再说喝了水的比丘，独自一人继续赶路，直到隔日才来到佛所，一见佛陀，立刻五体投地至诚礼拜。

佛陀以神通智能力得知先前发生的事，询问道："比丘！你从何处来？有没有同伴随行？"

比丘即一五一十地把路上发生的事禀告佛陀，佛即呵斥说："你这个愚痴的人！你虽然现在眼睛见到了佛，但是却没有真正地见到佛，那位持戒而死的比丘已先你一步来见我了。"

佛陀更进一步说："如果有比丘放逸懈怠，虽与我同住在一起，也能常常见到我，但我却不曾见这样的比丘；若有比丘离我数千里，能精进用功、不放逸，虽然彼此相隔千里之遥，而这样的比丘却能常常见到佛，而佛也常常得见比丘。"

比丘听完佛的教导，若有所悟，羞愧地顶礼而退。

欲望是人的天性，是每个人都会有的，也是人类最大的敌人之一。佛家有云："一寸道九寸魔。"说明修炼品德是一件很艰苦的事，如果不能克制自己的欲望，虽然也下了工夫，但最终还是会功败垂成。理性的克制对一个追求成功的人来说，不是束缚的锁链，而是强韧的护身

—— 星云大师谈放下

第六章 思量计较苦，放下便是福

133

甲，虽然披挂上它不免有些累赘，但是它能让你避免误入歧途，早日达成自己的目标。

有一只青蛙，想迁徙到远方，便去哀求大雁帮忙。大雁商量后，决定让青蛙咬着一根木棍，再由两只大雁叼着木棍的两头儿，把青蛙带上了天空，向远方飞去。飞越一座村庄时，有人看到它们，说"多聪明的大雁呀，把青蛙带到远方去了。"青蛙听后，心想："这人笨得出奇，竟然没有看出是我的主意。"

又飞越了一个村庄，另一个人也是这样说。青蛙涌出伤悲，心想："这世上的傻瓜怎么这么多。"当飞越了第三个村庄，青蛙听到所有的人都对大雁赞叹不已，再也克制不住自己，十分恼怒地吼道："你们这群傻瓜，这是我的主意。"话音刚落，青蛙就重重地掉到地上，摔得粉身碎骨。人们经过青蛙的残骸，纷纷摇头叹息说："克制不住对虚名和私利的追求而搭上性命，才是真正的傻瓜！"

青蛙的悲剧告诉我们：成功与失败之间最大的差别，往往不是智商和能力的差别，而是韧性和耐心的差别，是内心欲望克制程度的差别。所以，要想成功就必须很好的运用自己的欲望，而不能被它所控制；要想获得成功，必须时刻克制自己的欲望，才能有所收益。

只有懂得克制自己的人，才能冷静从容地控制局势，不急躁、有次序地前进，进而取得成功。而一个我行我素的人，是难以突破自我的。会克制自己的人，才会为自己创造发展的机会，进而赢得人生的辉煌。

禅院中的学僧在寺前的围墙上画了一幅龙争虎斗的画像，画中龙在云端盘旋将下，虎踞山头，作势欲扑。虽然多次修改，学僧依然不满意，总认为画中龙虎动态不足。其时恰逢度业禅师从外面回来，学僧就请禅师评价一番。

度业禅师看了看，说："龙和虎的外形画得不错，但龙与虎的特性你没有把握好。要知道，龙在攻击之前，头必须向后退缩；虎要前扑时，头必然向下压低。龙颈退缩得愈大，虎头愈贴近地面，它们就能冲得更快、跳得更高。"

学僧们非常高兴，赞颂度业禅师："老师真是一语道破，我们不仅将龙头画得太向前，虎头也太高了，怪不得总觉得动态不足。"

度业禅师借机开示众学僧，说："为人处世也罢，参禅修道也罢，道理都是一样的，退一步之后，才能冲得更远，坐下来休息之后才能爬得更高。"

学僧们听后，均有省悟。

俗话说："木秀于林，风必摧之。"老百姓常说的"枪打出头鸟"，也是这个道理，都是告诫世人不要太张扬，省得给自己带来麻烦，招来不幸。

智者往往韬光养晦，不过于表露自己，把自己的功力深藏起来，不是万不得已不必显露出来。这样低调地做人，其实就是懂得放下，名利等欲望，视之为等闲，这样就能给自己避免不必要的烦恼，以达到淡然处世、不忧不惧的境界。

宁静以致远，淡泊以明志；人要想成功，一定吃得苦。俗语有云：吃过苦中苦，方为人上人。吃苦和淡泊也是有关联的，如果你参透了苦难，放下了苦难，那么你就会认为，苦难就是生活中的一部分，没有什么大不了的，没有苦难的人生是不完美的，这样你的心性就会达到一个你始料不及的境界。

一个屡屡失意的年轻人千里迢迢来到普济寺，慕名寻到老僧释圆，沮

135

丧地对他说："人生总不如意，活着也是苟且，有什么意思呢？"释圆静静听着年轻人的叹息和絮叨，末了才吩咐小和尚说："施主远道而来，烧一壶温水送过来。"

少顷，小和尚送来了一壶温水，释圆抓了茶叶放进杯子，然后用温水沏了，放在茶几上，微笑着请年轻人喝茶。杯子冒出微微的水汽，茶叶静静浮着。年轻人不解地询问："宝刹怎么用温茶？"

释圆笑而不语。年轻人喝一口细品，不由摇摇头："一点茶香都没有呢。"释圆说："这可是闽地名茶铁观音啊。"年轻人又端起杯子品尝，然后肯定地说："真的没有一丝茶香。"

释圆又吩咐小和尚："再去烧一壶沸水送过来。"少顷，小和尚便提着一壶冒着浓浓白汽的沸水进来。释圆起身，又取过一个杯子，放茶叶，倒沸水，再放在茶几上。年轻人俯首看去，茶叶在杯子里上下沉浮，丝丝清香不绝如缕，望而生津。

年轻人想要去端杯，释圆挡开，又提起水壶注入一线沸水。茶叶翻腾得更厉害了，一缕更醇厚更醉人的茶香袅袅升腾，在禅房弥漫开来。释圆一共注了五次水，杯子终于满了，那绿绿的一杯茶水，端在手上清香扑鼻，入口沁人心脾。

释圆笑着问："施主可知道，同是铁观音，为什么茶味相差这么大吗？"

年轻人思忖着说："一杯用温水，一杯用沸水，冲沏的水不同。"释圆点头："用水不同，茶叶的沉浮就不一样。温水沏茶，茶叶轻浮水上，怎会散发清香？沸水沏茶，反复几次，茶叶沉沉浮浮，才能释放出茶的清香。世间芸芸众生，又何尝不是沉浮的茶叶呢？那些不经风雨的人，就像温水沏的茶叶，只在生活表面漂浮，根本浸泡不出生命的芳香；而那些栉风沐雨的人，如被沸水冲沏的釅茶，在沧桑岁月里几度沉浮，才有那沁人的清香啊。"

年轻人茅塞顿开，回去后刻苦学习，虚心向人求教，不久就引起了周围人们的重视，成就了一番事业。

这个故事告诉我们：人生若茶，沸水则象征着我们人生路上的苦难。受的苦难越多，我们才能够散发出愈加清芬说的香味。水温够了茶自香，功夫到了事自成。

孟子有云："天将降大任于斯人也，必先苦其心志，劳其筋骨，饿其体肤，空乏其身，行拂乱其所为。所以动心忍性，曾益其所不能。"要想获得理想的人生，摆脱不受重视的状态，最有效的方法就是在苦难中磨炼自己。

古人云："不经一番寒彻骨，焉得梅花扑鼻香。"正视苦难，放下苦难，经历了人生历练的你，定会拥有淡泊的品质，拥有快乐的人生。

在现实中，仍会有很多人抱怨生活太累，苦难太多。其实，这种苦累的生活，恰恰是他们自己的选择。如果他们心中没有那么多的欲望，身心随时就是放松状态，怎么会活得那么累呢？

一位禅师听到了一阵悦耳的琴声。走近一看，是一个年轻人正在弹奏。

"你的弦拉满了吗？"禅师问。

年轻人回答："没有。"

"那么，你是把它放松了吗？"禅师又问。

他回答："没有。"

"那么你是怎么调它的？"禅师故作不解。

他答道："不松不紧，这样才能奏出美妙的音乐。"

禅师庆幸道："生命，就是一场游戏，正如此琴般。若众生对待每一件事，皆轻松却不轻浮去面对，便可达到事半功倍的效果。只有在琴弦不松不紧的时候，才能弹奏出美妙的生命之歌来。"

年轻人听后，谢过禅师点化，便投入生活中去感悟此意。渐渐地得到了人生的真正乐趣。

禅师的话正道出了放心的智慧。其实，无论是学习、生活，还是做事，都不能急功近利，要保持一种"不松不紧"的状态。急功近利只会"欲速则不达"，不松不紧才能"事半而功倍"。所以，急功近利从本质上说，它就是一种欲望的驱使，只有放下它，才会获得快乐人生。

138

无欲自刚强

心正，则本立本立，则道生；
道生，则心净心净，则自然。

——星云大师《佛光菜根谭》

郑板桥有副十分有名的对联："海纳百川，有容乃大；壁立千仞，无欲则刚。"对联中的下联两句是讲，千仞峭壁之所以能巍然屹立，是因为它没有世俗的欲望，以此来借喻人只有做到抛离了世俗的欲望，才能达到大义凛然（刚）的境界。

星云大师也告诫人们："只有摆脱了各种烦扰的欲望，才能静心做自己的事，达到刚的境界。"

一天，孔子在和学生们讲道理时，忍不住感叹道："我还没有见过真正刚强不屈的人啊！"

那些年轻的弟子都觉得很奇怪，他们认为像子路、还有年轻的申枨等，都是很刚强的人。尤其是申枨，他虽然年纪很轻，可是每次在和别人辩论时，却总是不肯轻易让步。即使在面对长辈或师兄时，申枨也毫不隐藏，总是摆出一副强硬的姿态。大家都对他退让三分。

所以，当学生们听到孔子感叹说还没有见过刚强的人时，他们不约而同地说："如果要论刚强，申枨应该是可以当之无愧的吧！"

孔子说："申枨这个人欲望多，怎么可以称得上是刚强呢？"

一个学生问："申枨并不像是个贪爱钱财的人，老师怎么会说他欲望多呢？"

孔子回答说："其实所谓的欲望，并不见得就是指贪爱钱财。简单地说，凡是没有明辨是非就一味和别人争、想胜过别人的私心就算是'欲'。申枨虽然性格正直，但他却逞强争胜，往往流于感情用事，这就是一种'欲'啊！像他这样的人，怎么可以称得上是刚强不屈呢？"

孔子又说："所谓的'刚'，并不是指逞强好胜，而是一种克制自己的工夫。能够克制住自己的欲望，无论在任何环境中，都不违背天理，而且始终如一，不轻易改变，这才算是真正的'刚'啊！"

人生的痛苦，来源于欲望太多。生活中，人们总是带着满满的欲望在人世间奔波，当欲望越来越膨胀时，才发现自己已经不堪重负了。

佛经中说："'欲'生诸烦恼，'欲'为生苦本。"这里的"欲"就是欲望，是幸福的最大障碍。我们之所以会感到生活不如意，也是因为欲望。《佛遗教经》中说："多欲之人，多求利故，苦恼亦多。"就是说如果我们囿于种种的欲望，追求的东西太多，就会产生诸多的不快乐。

其实，我们不是拥有的太少，而是欲望太多，因而造成了心理贫穷。

第六章 思量计较苦，放下便是福

——星云大师谈放下

　　唐朝时候，禅宗第四祖信道大师在黄梅一住30多年。贞观年间，唐太宗仰慕信道大师的仙风道骨，就派遣使臣前往迎请，希望信道大师能进京与自己见面。

　　使臣到了黄梅，向信道大师面告太宗皇帝的旨意，信道大师听后只是淡淡地说道：“请你为我回谢皇上的盛意，我年老了，过惯了山林生活，不愿再入繁华的城市。”

　　使臣将信道大师的意思回复了太宗，太宗不死心，第二次派遣使臣前来黄梅迎请信道大师。信道大师再次告诉使臣：“请你禀告皇上，我年老多病，不能进京。”

　　信道大师这样倔强，使臣毫无办法，只好又把信道大师的意思禀告唐太宗。

　　唐太宗见信道大师一而再、再而三地推辞，心里非常不悦，觉得信道伤害了自己的九五之尊。

　　虽然如此，唐太宗仍然派遣使臣用轿子恭敬地迎接信道大师进京。哪知，又被信道大师拒绝了。

　　“一之为甚，其可在乎？”太宗终于发怒了，就令使臣前去黄梅，以刀威吓信道大师：“若再不应诏进京，当取首级前去！”

　　信道大师的徒弟们这时候都被吓得面无血色，纷纷劝其进京面圣，而大师却不但没有慌张，反而静静地伸颈就刀，令使臣大惊。使臣也不敢造次，连忙抛刀扶着信道大师，向大师顶礼忏悔。回京后把这情形禀告唐太宗。

　　太宗听后，对信道大师的志向敬重不已，并赐以珍帛，以满足大师修行于山林的志向。

　　故事中的这位信道大师，其实就是中国自古即有的圣贤之人，这种人往往视功名如浮云，看珍宝若粪土。但是，凡夫俗子若想做到像信道大师这样，宠辱不惊，甚至将生死置之于度外，不为强权所迫，的确是不太容易的事。但是，向圣贤靠近，向圣贤学习，是我们每个人都能做到的。

　　四海闻名的东山禅师感觉自己即将离开人世了。这个消息传出去以后，人们从四面八方赶来，连朝廷也派人急忙赶来。

　　东山禅师走了出来，脸上洋溢着净莲般的微笑。他看着满院的僧众，大声说："我在世间沾了一点儿闲名，如今躯壳即将散坏，闲名也该去除。你们之中有谁能够替我除去闲名？"

　　殿前一片寂静，没有人知道该怎么办，院子里只有沉静。

　　忽然，一个前几日才上山的小和尚走到禅师面前，恭敬地顶礼之后，高声说道："请问和尚法号是什么？"

　　话刚一出口，所有的人都投来埋怨的目光。有的人低声斥责小沙弥目无尊长，对禅师不敬，有的人埋怨小沙弥无知，院子里闹哄哄的。

　　不料，东山禅师听了小和尚的问话，却大声笑着说："好啊！现在我没有闲名了，还是小和尚聪明呀！"于是坐下来闭目合十，就此离去。

　　小和尚眼中的泪水再也止不住流了下来，他看着师父的身体，庆幸在师父圆寂之前，自己还能替师父除去闲名。

　　小和尚是睿智的，不仅很好地理解了师傅的意思，还很好地替师傅完成了遗愿，满足了师傅心灵的圆满。但现实中，却又有很多这样的人，他们总以为自己是世界的中心，相信自己的名字会永垂不朽，自己是天地间最完美的，因此要求别人看自己的时候都要仰视。

　　其实，所谓"闲名"者，不过就是没有用的名望。生不带来，死不带去，加之于人心反而是一种沉重，不得自由。不过，大多数人不仅不懂得除去闲名的道理，反而极其功利地去追求，最终弄巧成拙，有的甚至身败

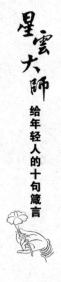
名裂。只有那些看破名利、谦虚淡然的人才能被人们真正的崇敬；只有那些放下对名利追求的人，才会得到人们赋予他们的好名声。

摒弃俗世困扰

因为无知、无明，所以有烦恼、有痛苦；

因为无争、无求，所以有法喜、有自在。

——星云大师《佛光菜根谭》

俗话说："世上本无事，庸人自扰之。"的确，生活中不乏这样的庸人，他们自己给自己找不自在，找烦恼，做着这种看似荒诞的傻事。其实，这些人如果试着把这些俗世烦恼摒弃掉，他们也许就会发现，生活原本就是快乐的。

生活中有很多人往往会自寻烦恼，自己给自己套上枷锁，从而搞得自己疲惫不堪。我们应该学会解除这些束缚，给自己减压，从而让自己活得轻松，活得快乐。

有个忧郁的商人坐在客栈的角落里，一个人独自喝着酒。一位禅师走上前去问道：

"您一定有什么难题，不妨说出来。让我给您帮帮忙。"

商人看了他一眼，冷冷地说："我的问题太多了，没有人能够帮我的忙。"

禅师要商人明天跟他走一趟。

第二天，商人依约前往。禅师说："走，我带你去一个地方。"

商人不知道禅师葫芦里卖的是什么药，好奇地跟着他走。

禅师把商人带到荒郊野外，指着坟场对商人说："你看看吧，只有躺在这里的人，才统统是没有问题的。"商人恍然大悟。

在生活中，自寻烦忧的庸人自扰者大有人在，他们不知道乐观才是生命的常态。尼采说过："那些无法致人于死的事，只会让人更坚强。"所以，我们根本没有必要总是记住一些不开心的事，应该让它像手中的沙子一样轻轻漏去。

但很多时候，人们左右不了自己的内心，他们经常说：我想得挺开的啊！我的烦恼都是无名的，是莫名其妙地生出来的。连他们自己都不知道为何而烦恼。试问，这样的烦恼又有什么意义呢？

一个禅师在讲禅，说："禅可以断除人的无名烦恼。"

这时，有个人站出来反驳说："我真不知道自己有什么烦恼，请问禅师，什么叫无名？无名是怎么产生的？"

禅师说："这么简单愚蠢的问题你也能问得出？"

这个人立刻恼怒起来，理直气壮地质问："你不回答也就算了，为什么要侮辱我呢？"

禅师笑了一下，说："看到了吧，这就是无名，无名就是这样产生的！"

当无名之烦恼倏忽而来、困扰着你我时，我们应该怎么办？愚蠢的人把它抱在心头，聪明的人则将其随手丢在地上。如果有什么事让你不快，就把那件事看得小些、再小些；如果有什么事让你欢乐，就把那件事看得大些、再大些。

星云大师说:"走好自己的路,顾好自己的事,这就是不让年华虚度,老时悔恨的诀窍。"

人生苦短,何必要把时间和精力浪费在无名的烦恼上呢?宠辱不惊,淡然处事,这就是寻找快乐、摆脱无名烦恼的法门,拥有它,面对生活时,你就能挥洒自如。

要摒除俗世的烦恼,需要内心的静,心的净,不同于尘世的干净。我们之所以会有烦恼,正是因为心不够净,杂质和尘埃蒙蔽了我们心灵的天空。如果心净了,那么世间万物在我们看来就都净了。

婆罗门教的神殿里面灯烛辉煌,十分热闹。大梵天王神的塑像庄严地供奉在座上。教徒们正忙碌着,一盘盘的猪、鸡、鸭等庖牲都抬上来了。他们恭恭敬敬地奉献着。

"你们为什么要用庖牲做祭品呢?"佛问。

"因为用庖牲祭祀,可以得到天神降福,赐我们大量财富,农作物丰收,人民安乐,命终后还可以投生天堂。"

"不对,用庖牲祭祀是野蛮的行为。杀生流血,只会做成更大的罪业,罪业的行为,怎能带来福泽呢?"

婆罗门教徒很惭愧,就问:"那么,要怎样才可以祈福呢?"

"只有奉行众善,纯洁身心,才是福德的本源。"佛陀回答道。

婆罗门教徒听了,立刻信服,就跪在地上忏悔,以后再也不用庖牲祭祀了。

向佛祖祭祀,并不需要什么稀有物,只需要纯洁身心就足够了。佛陀的话无疑是富于智慧的。同理,在人际交往中,礼物是否贵重,迎接的仪式是否隆重都不重要,只要你捧出一颗真诚的心,就能收获你要的感动。

佛陀走往伽耶山的途中，路过一座苦行林，他在树下静坐了一会儿，像等待着什么似的。这时，有一个拿了很大包裹的女人，从佛陀的前面过去。没过多久，很多高大的汉子走来，他们见到佛陀，异口同声地问道："刚才您有见到一个拿着东西的女人从此经过吗？"

"我没有注意，你们找她做什么？"佛陀反问道。

"我们这一行共30人，同住在离这里不远的森林之中，我们29人都有妻子，只有一个人至今还没有娶亲。我们非常同情，因此昨天就为他寻来一个女人，哪知道她不是普通的女人，说来真不怕人见笑，原来她是一个卖淫的妓女。她在一夜之中，讲了许多无耻的话，把我们30个人都诱惑了。今天起来，看到我们的东西都给她拐逃，因此这时要追赶她，要把她找回来，您究竟有没有见到她呢？"

佛陀默默地，静静地看着他们，然后说道："是这样一回事吗？我来问你们，你们自己的身体要紧呢？还是女人和东西要紧呢？"

"自己的身体比什么都要紧。"这几个人给佛陀这么简单的一问，像都清醒过来。

"那你们不要再去追赶女人，你们来找自己的心才是要紧的大事。"后来他们都皈依佛陀做了其弟子。

这个故事所讲述的道理是显而易见的：当我们轻易地被坏人欺骗的时候，我们是不是应该首先在自己身上找找原因呢。俗语云：苍蝇不叮无缝的蛋。如果你自身正，无弱点被对方利用的话，那么，你受骗的几率几乎是没有的。让自己的贪欲作祟，自己轻易相信骗子的谎言，其实是内心不净，意志不坚定所致。

过客问一名整日囚在寺庙中诵经的小和尚："难道你不愿意到外面的

世界去吗？"

"为何？"刚刚皈依佛门的小和尚不解地问。

"外面的世界宽敞明亮，要什么有什么，不愁吃喝，你何必在这里做个苦修僧呢。"

"可我现在也很好啊。我每天一心向佛，佛祖赐我屋檐遮挡风雨，风不吹头雨不打脸，还可以天天和师父交流得道的乐趣。"

"可是你自由吗？"小和尚沉默了。

于是，过客从怀里掏出一扇门，并且以胜利者的姿态把小和尚带到了外面的世界，安排在了一处豪华奢靡的人家。

一年之后，过客突然想起了小和尚，便去看他。

他问小和尚："啊，我的佛祖，你过得还好吗？"

小和尚答道："我佛慈悲，我活得还好。"

"那么，你能谈谈在这个精彩的世界里生活的感受吗？"过客表现得很真诚的样子说。

小和尚长叹一声，说："唉，这里什么都好，只是这寺庙太大了，我每天早上一醒来就看见满院子的佛光普照，比起我待的那个小寺庙好多了。"

说话间，小和尚已然入定。

星云大师说："真正心诚之人，不以外物所扰。因此，我们看待一个人也要看他内心，而不应该只看外表。"星云大师在《佛光菜根谭》里亦云："安分守贫，何等清闲；不争人我，何等自在！"当我们面对外界的诱惑时，一定要保持一颗宁静的心，淡然处之，这样，就可以让自己远离俗世的烦扰，永葆快乐的心态。

放下，就会自在

一念顿悟，可以放下身心，解脱自在；

一念生迷，只会作茧自缚，掀风起浪。

——《佛光菜根谭》

星云大师曾说："做人要当提起时提起，当放下时放下。对于功名富贵放不下，生命就在功名富贵里耗费；对于悲欢离合放不下，生命就在悲欢离合里挣扎；对于金钱放不下，名位放不下，人情放不下，生命就在金钱、名位、人情里打滚；甚至对是非放不下，对得失放不下，对善恶放不下，生命就在是非、善恶、得失里面，不得安宁。"

人们大多时候都会为失去的东西难过，为得不到的遗憾，因为内心无法放下而变成执念。人的痛苦，好像大多是在为"已失去"和"得不到"。佛语云："过去心不可得，未来心不可得。"既已失去，为何又要纠结？既得不到，就谈不上失去，为何又要揪心？爱情也是如此，越是放不下，越是执念于别人，最终受伤越深。

既已无法挽回，与其固执地坚持，不如就让它过去，坦然地放下，继续大步向前走，收获了快乐幸福，内心也会自在。就像是下面故事中的和尚。

一个和尚挑着盛满水的罐子，不慎罐子掉落摔得粉碎，他不回头继续走。路人激动地说："你不知道罐子已经破了吗？"

"知道，听到它掉落了。"

"那为什么不转身，看看怎么办？"

"它已经破碎了，水也流光了，我还能怎么办？"

无法挽回的就让它过去，继续往前走。让过去过去，让未来到来，不要总为失去的悔恨，更不要执著于过去，积极寻找解决或改善的方法，把握现在，勇敢放下，收获自在和幸福。

有时候放下只是为了更趋于完美，在人生的旅途中，如果每遇到一件自己喜欢的东西都背在身上的话，就会变得很累，最终必定因为无法承受而停滞不前或是颓然倒下。学会放下，一切自在。放下一些负担，内心就得到了轻松；放下烦恼，就得到了快乐；放下贪婪，就得到了平和；放下虚伪，就得到了真诚；放下怨恨，就得到了解脱；放下成见，就得到了尊重和真情。放下了，就自在了，就拥有了。

义青禅师尚未正式开示说法前，曾在法远禅师处求法。有一次，法远禅师听闻圆通禅师在邻县说法，便让义青禅师去圆通禅师那里求法。

义青禅师极不愿意，他认为圆通禅师并不高明，又不愿违逆法远禅师，便不情不愿地去了。但到了圆通禅师那里，义青禅师并不参问，只是贪睡。

执事僧看不过去，就告诉圆通禅师说："堂中有个僧人总是白天睡觉，应当按法规处理了。"

圆通禅师一向只听执事僧讲听者的虔诚，还不曾听说谁在堂上睡觉，便很惊讶地问："是谁？"

执事僧回答："义青上座。"

圆通禅师想了想，便说："这事你先不要管，待我去问一问。"

圆通带着拄杖走进了僧堂，果然看到义青正在睡觉。圆通禅师便敲击着义青禅师的禅床呵斥说："我这里可没有闲饭给吃了以后只会睡大觉的上座吃。"

义青禅师却似刚睡醒般地问道："和尚叫我什么？"

圆通禅师便问："为什么不参禅去？"

义青禅师回答："食物纵然美味，饱汉吃来不香。"

圆通禅师听出义青禅师话里的机锋，说："可是不赞成上座的有很多人。"

义青禅师则胸有成竹地回答："等到赞成了，还有什么用？"

圆通禅师听其话，知其来历一定不凡，就问："上座曾经见过什么人？"

义青禅师回答："法远禅师。"

圆通禅师笑道："难怪这样顽赖！"

随之，两人握手，相对而笑，再一同回方丈室。义青禅师因此而名声远扬。

倘若圆通禅师没有容人的雅量，不能对义青禅师的轻慢一笑置之，估计义青禅师是免不了被扫地出门的。然幸运的是，义青禅师遇到的是能够容人的圆通禅师，圆通禅师不仅能够容忍他的轻慢之举，而且能够肯定他，抬举他，给他应有的地位。这就是放下的力量，放下了成见和怨恨，收获了真诚和名誉。

星云大师说："最大的是心，最小的也是心。人心有多大，世界就有多大。"很多时候，一个人之所以能够被人敬仰，受人尊敬，不在于他能力有多高，相貌有多体面，知识有多渊博，而在于他有宽广的胸襟，能够容人之不能，在于能够放下内心的恼怒和仇恨。

一个小男孩玩耍一只贵重的花瓶。他把手伸进去，结果竟拔不出来。父亲费尽了力气也帮不上忙，遂决定打破瓶子。但在此之前，他决心再试一次："孩子，现在你张开手掌，伸直手指，像我这样，看能不能拉出来。"

小男孩却说了一句令人惊讶的话："不行啊，爸爸，我不能松手，那样我会失去一分钱。"

在这个世界上，多少人正像那男孩一样，执意抓住那无用的一分钱，不愿获得自由。很多人不快乐，就是因为心中装着太多"一分钱"，这些"一分钱"在心中拥挤着、占据着，让你无法获得喜乐和轻松。聪明人懂得把这些"一分钱"扔出去，让自己豁达空阔。

唐代高僧神秀曾做过一首偈子："身是菩提树，心如明镜台，时时勤拂拭，勿使惹尘埃。"慧能禅师听到后，认为神秀尚未真正开悟，仍处在我执的境界上，于是对曰："菩提本无树，明镜亦非台，本来无一物，何处惹尘埃。"意思是，菩提不是树，明镜也不是台，原本什么都没有，哪里能够招惹尘埃呢？这就是佛家常说的放下，人能放下，身心轻松。可惜的是，大千世界，诱惑太多。尘世之中，能够做到真正放下的人太少。

四祖道信禅师还未悟道时，曾经向三祖僧璨禅师请教。

道信虔诚地请求道："我觉得人生太苦恼了，希望你指引给我一条解脱的道路。"

三祖僧璨禅师反问道："是谁在捆绑着你？"

道信想了想，如实回答道："没有人绑着我。"

三祖僧璨禅师笑道："既然没有人捆绑你，你就是自由的，就已经是解脱了，你何必还要寻求解脱呢？"

后来，石头希迁禅师在接引学人时，将这种活泼机智的禅机发挥到了极致。

有一个学僧问希迁禅师："怎么才能解脱呢？"

希迁禅师回答："谁捆绑着你？"

学僧又问："怎么样才能求得一方净土呢？"

希迁禅师回答道："谁污染了你？"

学僧继续追问道："怎么样才能达到涅磐永生的境界呢？"

希迁禅师回答："谁给了你生与死？谁告诉你生与死有区别？"

学僧在希迁禅师的步步逼问之下，开始迷惑不解，继而恍然大悟。

道信认为人生太苦，没有净土，难以解脱。事实上，不是生活和人生的本身痛苦，而是自己给自己添加的负担太多，用绳索捆绑住了自己的快乐和自由。

美好的生活需要一颗轻松自在的心，一定要让自己豁达一些，如此才能够乐观进取、轻松自在。不管外在的世界如何变化，学会放下和坦然，自己都有一片清净的天地。放下心中太多的欲念和挂碍，开阔心胸，自然能够清净无忧。放下包袱，生命短暂，何不放下烦恼，持花而行。

第七章 千处祈求千处应，苦海常作渡人舟

——星云大师谈结缘

　　人是依靠因缘生存在这个世界上，一个人的力量是单薄的，应多多广结善缘，因缘愈多，成就愈大。有时一句好话、一件善事、一个微笑，都能给我们的人生广结善缘、成就大好功德。所以，每个人都不能轻易放弃任何结缘的机会。结缘，使我们的人生更宽阔，前途更平坦。积德结缘的人生，才是幸福的根源。

——星云大师

缘，妙不可言

世间的得失皆有前因，人生的苦乐都有所缘；

能以平等观看待一切众生，就是法界圆融；

能以因缘观看待一切事物，都是缘起缘灭。

——星云大师《佛光菜根谭》

什么是缘？世间万事万物皆有相遇、相随、相乐的可能性。有可能即有缘，无可能即无缘。缘，无处不有，无时不在。你、我、他都在缘的网络之中。常言说，有缘千里来相会，无缘对面不相识。万里之外，异国他乡，陌生人对你哪怕是相视一笑，这便是缘。缘，有聚有散，有始有终。

有人说：缘就是前世的五百次回眸，换来的今生的一次擦肩而过；有人说：缘就是百年修的同船渡，前年修的共枕眠，也有人说：缘就是心有灵犀一点通，有缘千里来相会。不同的人对缘的理解也大同小异。

人们常说"缘分天定"，很多偶然，每次的巧合，不经意的邂逅，让人感觉是冥冥之中确实有一股力量存在，只是我们的视线空间无法领会到，它就在你我身边不停的游走！

有一天，释迦牟尼佛对着所有弟子在讲经说法，忽然他叫起了阿难说："你拿一个桶子，到前方五里路远的一个小村庄，向一个在井边洗衣服的老妇人，要一桶水回来，记得态度要客气和善一点。"

阿难点点头，拿着空桶子，往世尊指示的方向去要水。他想说，这么容易的事，一定轻易就能办妥世尊所交代的任务。走啊走的，走到了那村庄，真有位白发苍苍的老妇在井边洗衣服。

阿难很有礼貌的向这位老妇恭敬的作揖，说："老人家啊老人家，可以跟你要一桶水吗？"

那老妇一抬起头望见这年轻人，不由怒从心生，很生气地说："不行，这口井只能给这村子里的人使用，任何外人是不被允许的！"

接着就赶阿难走了，任由阿难苦苦哀求也不为所动！阿难无奈，只有带着空桶回去。他将他所遭遇的种种情形，娓娓地向世尊和在场的弟子道来。世尊点点头，示意阿难坐下，接着他叫舍利弗去。

舍利弗一样走啊走的，走到了那村庄；一样见到那个白发苍苍的老妇还在井边洗衣服。

舍利弗一样很有礼貌的向这位老妇人说："老人家啊老人家，可以跟你要一桶水吗？"

那老妇一抬起头望见这年轻人，不由得心花怒放，仿佛见了一个很投缘的亲人。她很高兴地说："行！行！来来，我来帮你打水……"

打好一桶水给舍利弗后，又叫他等一下；老妇人匆匆的回家拿一些斋食叫舍利弗带着路上吃。

舍利弗带了整桶水回去，将他所遇到的种种情形，也娓娓地向世尊和在场的弟子道来……

世尊点点头一样示意舍利弗坐下。阿难和在场弟子就很纳闷、疑惑，问世尊是何种因缘？造成阿难和舍利弗这两人有这么大的差别。

世尊开示说道：在远劫前的一世，这位老妇是一只老鼠；它死在路边被烈日艳阳暴晒着……阿难那时候是个赶货经商的贾人，见到这只死老鼠，心中起了嫌恶之心，掩鼻而过……舍利弗那时是个正要赴京赶考的读书人，见到这只死老鼠，心中起了怜悯之心，顺手捧把泥土将它掩盖。

经久远劫以后，现在他们见了面，产生这样不同的差别待遇。众人可以想象……

小小的起心动念，就有如此大的善恶果报，何况是直接加诸痛苦在人身上呢！

156　　　　人是依靠因缘而生存在这个世界上，一个人的力量是单薄的，应该多多广结善缘，因缘愈多，成就愈大。有时一句好话、一件善事、一个微笑，都能给我们的人生广结善缘，成就大好功德，所以，每个人都不能轻易放弃任何结缘的机会。结缘，使我们的人生更宽阔，前途更平坦；积德结缘的人生，才是幸福的根源。

星云大师告诫人们："勿以恶小而为之，勿以善小而不为。珍惜因缘，重视因缘。"

《普贤行愿品》里面有个比喻，把佛比作树上的果实，花比作菩萨。那么，花果从哪来的？从根来的。那么，根又是什么？根就是一切众生。

佛讲要以大慈悲水去滋润众生，滋润众生就是承事供养如来。如果不在众生分上修，而想去修佛修菩萨，是肯定不能成就的。换句话说，想要花要果，可是不要根，那么花果从哪儿来？

任何事物都有因缘，就如同没有根就没有花果一样。只有懂得去珍惜因缘，才会看到由因缘所生的世间万物。

人生的富贵穷通、得失好坏，都看因缘如何？珍惜因缘，才有因缘。

一粥一饭，来处不易；一丝一缕，都有因缘。

星云大师曾说："你们说好话赞美我，我要珍惜你们赞美的因缘；你们送礼物给我，我要珍惜你们送礼的因缘。你们介绍朋友给我，你们帮我打一通电话，为我介绍一份职业，都是很好的因缘。

随缘的智慧

感谢因缘，因缘能成就一切；

随顺因缘，因缘能引导自然。

——星云大师《佛光菜根谭》

参禅参得只顾自己不顾他人，不肯跟人结缘，不肯替人服务，没有与人结下善缘，日后就得不到帮助。有些人不是聪明才智高，也不能干，然而要风得风，要雨得雨，总是得道多助，靠的就是缘分。有的人才华盖世，一身机智灵巧，可是处处不如意，因为没有广结人缘，自然坎坷难行。如果每天贪名图利，在名利的贪瞋风波里浮沉，不能给人欢喜，别人也不欢喜你，生活怎么会快乐呢？（《星云说偈》）

在这个世界上，凡事不可能一帆风顺，事事如意，总会有烦恼和忧愁。当不顺心的事时常萦绕着我们的时候，我们该如何面对呢？星云大师说："随缘自适，烦恼即去。"

什么是随？随不是盲目跟随，而是顺其自然，不怨恨，不躁进，不过度，不强求；随不是散漫随便，而是把握机缘，不悲观，不刻板，不慌乱，不忘形。随是一种达观，是一种洒脱，是一份人生的成熟，一份人情的练达。

懂得随缘处事，就会少了许多烦恼。随缘是一种进取，是智者的行为。

有诗云："有缘即住无缘去，一任清风送白云。"人生有所求，求而得之，我可随之而喜；求而不得，我亦不必为之而忧。若如此，人生哪里还会有什么烦恼可言？苦乐随缘，得失随缘，这是随缘人生的最高境界。

随缘，不仅是一种胸怀，更是一种成熟，是对自我内心的一种自信和把握。拥有一份随缘之心，你就会发现，天空中无论是阴云密布，还是阳光灿烂，生活的道路上无论是坎坷还是畅达，心中总是会拥有一份平静和恬淡。

有一个乞丐，总是躲在寺庙的一个角落里静静地合掌念佛，然后就去乞讨。每当有人施舍的时候，他总是面露喜色，不停地说："因缘！因缘！"即使不给，他也会说："因缘！因缘！"小孩子用石头打他，他也只是说："因缘！因缘！"因此，人们称他为"因缘乞丐"。晚上，他没有住的地方，就在别人的屋檐下过夜。

一个寒风刺骨的晚上，一个书生因为天黑没有看见他，竟在他头顶上小解。乞丐醒来，喃喃地说："因缘！因缘！"

书生大吃一惊，不停地道歉，乞丐急忙说："不敢当，不敢当，都怪我睡错地方，吓着了你，这也是你我的因缘。你向一个乞丐道歉，实在是让乞丐不安！"

书生被他深深地感动了，立刻向他许诺说："只要我死在你的后面，我一定厚葬你！"

没过多久，因缘乞丐就在一家人的屋檐下死去了。书生信守诺言，为乞丐举行了隆重的葬礼，然后将其火化。

但是奇怪的事发生了，乞丐居然在火焰中获得了重生，他浑身散发着耀眼的金光，向书生说道："感谢你将我的肉身超度，剩下的东西算是给你的补偿。"然后就消失了。

后来，书生在乞丐的骨灰中发现了几十颗水晶般透明的紫色舍利子。

书生与乞丐这一段因缘很是有趣：书生随缘在路边小解得以结识乞丐，又随缘许下承诺，最后随缘把乞丐火化。随缘也让书生最终受益。

星云大师说："缘动则心动,心动则缘起；缘来好好珍惜，缘去淡淡随缘。随缘一世，一世随缘。"《佛光菜根谭》上说，"万事皆缘，随遇而安。"这是一种为人处世的方式，是一种安详恬淡的心态，是一种处变不惊的风范。

随缘不是没有原则、没有立场，更不是随便马虎。"缘"需要很多条件才能成立，若能随顺因缘而不违背真理，这才叫"随缘"。

庄子妻死，他知道生死如春夏秋冬四季的变化运行，既不能改变，也不可抗拒，所以他能"顺天安命，鼓盆而歌"。

陆贾《新语》云："不违天时，不夺物性。"明白宇宙人生都是因缘和合，缘聚则成，缘灭则散，才能在迁流变化的无常中，安身立命，随遇而安。生活中，如果能在原则下持守不变，在小细节处随缘行道，自然能随心自在而不失正道。

"随缘"是随顺当前的环境，但绝非随便行事，苟且偷安；做人不但要有"随缘"的性格，更要秉持"不变"的操守，能够"随缘不变，不变随缘"，这是自利利他的良方。

唐朝文成公主为了和合唐朝与西藏两国的关系，"随缘"做了和平使

第七章 千处祈求千处应，苦海常作渡人舟
——星云大师谈结缘

159

者，远嫁西藏，她把佛教带到西藏，并且把唐朝的文化传扬于异域，至今仍为世人所传扬称颂。

相反的，北宋名相王安石任内积极推行新法，以谋富国强兵，却因宋神宗的不信任，以及遭到保守派的阻挠，以致功败垂成，最后不但导致北宋为外夷所灭，连皇帝都成了俘虏，实在可悲可叹。

随缘是一种平和的生存态度，也是一种生存的禅境，更是一种待人处事的思维方式。随缘是一种修养，是饱经人世的沧桑，是阅尽人情的经验，是透支人生的顿悟。

因此，能够在随缘的生活与不变的原则相行无碍之下，才能享有收放自如的人生。

缘分当珍惜

生命，就是力，力，就是生命的灯灯相续；

自然，就是道，道，就是自然的随缘生活。

——星云大师《佛光菜根谭》

星云大师曾说过，在这世间上，稀有难得的珍宝，不是黄金，也不是钻石，而是"好因好缘"也。

有因缘，才能成就好事；有因缘，才能一帆风顺。因缘具则成，因缘灭则败，所以人生希望有成就者，都必须要仰赖因缘。有情人的往来，若能达到因缘和合，自能"千里因缘一线牵"。有缘的人，再远、再难的情况下，都能相聚。而若是无缘，真是所谓"无缘对面不相逢"也。

过去，印光大师居住的寮房有苍蝇、蚊虫、跳蚤。侍者想将这些小动物清出去，印祖阻止他说，它们是我的善知识，留它们在此地，证明我的德行不够，不能感化它们。

印祖到70岁之后，所居住的地方，再也没有这些小动物。无论在什么地方，别人住的时候，有苍蝇、蚊虫；印祖一住，全都搬家了。

连蚊虫、蚂蚁、苍蝇、跳蚤都会受感动，何况家亲眷属？

我们要学印光大师，真修实践，珍惜自己与周围的一切的因缘。真诚心就能感动人，决定不能有责备的心、不满意的心。我们将一切人看作自己的父母，看作佛菩萨，以最恭敬、最清净、最尊敬的心，久久一定能感化。

他是个哑巴，虽然能听懂别人的话，却说不出自己的感受。

她是他的邻居，一个和外婆相依为命的女孩。

她一直喊他哥哥。他真像个哥哥，带她上学，伴她玩耍，含笑听她唧唧喳喳讲话。

他只用手势和她交谈，可能她能读懂他的每一个眼神。

从哥哥注视她的目光里，她知道他有多么喜欢自己。

他们从小一起玩耍，一起长大。

后来，她终于考上了大学，非常开心。

他便开始拼命挣钱，然后源源不断地寄给她。她从来没有拒绝。

终于，她毕业了，参加了工作。

然后，她坚定地对他说："哥哥，我要嫁给你！"

他像只受惊的兔子逃掉了，再也不肯见她，无论她怎样哀求。

她这样说："你以为我同情你吗？想报答你吗？不是，我12岁我就爱上你了。"可是，她得不到他的回答。

有一天，她突然住进了医院。他吓坏了，跑去看他。医生说，她喉咙里长了一个瘤，虽然切除了，却破坏了声带，可能再也讲不了话了。病床上，她泪眼婆娑地注视着他。

于是，他们结婚了。很多年，没有人听他们讲过一句话。他们用手，用笔，用眼神交谈，分享喜悦和悲伤。他们成了相恋男女羡慕的对象。

爱情阻挡不了死神的降临，

他撇下她一个人先走了。人们怕她经受不住失去爱侣的打击来安慰她。

她收回注视他遗像的呆痴目光，突然开口说："他还是走了。"此时谎言已被揭穿……

人们惊讶之余，都感叹不已，这是一份多么执著的、深厚的、像童话一样的爱呀！从此，她不再讲话，不久也离开了人世。

恩爱的夫妻，忽然阴阳两隔，这必然是因缘尽了，所谓"缘生缘灭"，乃世间规律。但是，在有因缘的时候，女人用她令世人感动的爱，去珍惜了，一如在花开的时候，要珍惜红花绿叶；在月明的时候，要珍惜明月星空。

珍惜因缘，才能发展各种关系；珍惜因缘，才能安全无恙；珍惜因缘，未来的事业才能顺利；珍惜因缘，拥有的一切才不会失去。

结缘与结怨

世间最好的东西，是欢喜；

世间最贵的善举，是结缘；

世间最大的力量，是忍耐；

世间最强的愿力，是甘愿。

——星云大师《佛光菜根谭》

世间上最宝贵者，并非金钱美女，也非汽车洋房，最宝贵者乃是"缘分"。人与人有缘分才能和睦，人与事要有缘分才能成功，人与社会，乃至你、我、他等等，都要有缘分才能和谐。

世间上的一切功成名就，都有原因；而一个人要想成就一番事业，必须要靠"因缘"。星云大师曾在文章里讲过他亲身经历的一件事：

1988年，美国西来寺落成时，召开第十六届世界佛教徒友谊会议，洛杉矶华人的基督教会天天在寺外举牌游行，抗议呐喊，引起当地居民反感，尽管如此，我们还是本着宗教的慈悲，请信徒端热茶给他们解渴驱寒。一位从公家机关退休的美籍老太太自建寺伊始，便每日以望远镜观测西来寺，写给县政府的密告黑函达数百封之多，我们不断尝试与其沟通，起初她相应不理，有感于我们的诚意，去年她终于出面和我们协谈。每年春节期间，西来寺均举办敦亲睦邻餐会，恳请附近居民同来联谊，那些向来持反对意见的人也都应邀在列。或许由于我们"结缘"的诚意，成立九年以来，西来寺不但未被恶势力击倒，反而目睹越来越多的基督教朋友、各国人士前来参访。这不正是结缘总比结怨好的明证吗？

"结缘"能化解嫌隙，平日抱持"结缘"不"结怨"的态度，容他、耐他、化他、度他，待时机成熟时，一定可获得对方的好因好缘。

是依靠因缘而生存在这个世界上，一个人的力量是单薄的，应该多多广结善缘，因缘愈多，成就愈大。有时一句好话、一件善事、一个微笑，都能给我们的人生广结善缘，成就大好功德，所以，每个人都不能轻易放弃任何结缘的机会。结缘，使我们的人生更宽阔，前途更平坦；积德结缘的人生，才是幸福的根源。

时近傍晚，有一位和尚在返寺途中，突然雷声隆隆，天下起了大雨。

雨势滂沱，看样子短时间内不会停止。

"怎么办呢？"和尚着急四望。

所幸不远处有一座庄园，只好拔起脚步去求宿一宵，避避风雨。

庄园很大，守门的仆人见是个和尚敲门，问明来意，冷冷地说："我家老爷向来和僧道无缘，你最好另作打算吧！"

"雨这么大，附近又没有其他的小店人家，还是请您给个方便。"和尚恳求着。

"我不能擅自做主，等我进去问问老爷的意思。"仆人入内请示，一会儿出来，仍然不肯答应，和尚只好请求在屋檐下暂歇一晚，结果，仆人依旧摇头拒绝。

和尚无奈，便向仆人问明了庄园主人名号，然后冒着大雨，全身湿透奔回了寺庙。

三年后，庄园老爷纳了个小妾，宠爱有加。小妾想到庙里上香祈福，老爷便陪着一起出门。到了庙老爷忽然瞥见自己的名字被写在一块显眼的长生禄位牌上，心中纳闷，找到一个正在打扫的小和尚，向他打听这是怎么回事。

小和尚笑了笑说："这是我们住持三年前写的，有天他淋着大雨回来，说有位施主和他没有善缘，所以为他写了一块长生禄位。住持天天诵经，回向功德给他，希望能和那位施主解冤结、添些善缘，至于详情，我们也都不是很清楚……"

庄园老爷听了这番话，心中既惭愧又不安。后来，他便成了这座寺庙虔诚供养的功德主。

这是一位老和尚最喜欢讲的是一个改造"恶缘"的故事。

世界说小不小，说大不大，人生何处不相逢。胸襟宽大肚量能容的人，明了"大恩与大怨，人我原无两"的道理，环境与他人施与自己的一切恩怨，都能激励启发自己，恩与怨都是成就道业的助缘。

缘，就是和他人建立融洽的关系和良好的沟通。

人生最可贵的一件事就是"结缘"，为了我们自己的生活愉悦，也为了大家的生命快乐，广结善缘实在重要。

过去，有的人在路上点一盏路灯跟行人结缘，有人做个茶亭施茶与人结缘，有人造一座桥梁衔接两岸与人结缘，有人挖一口水井供养大众结缘，有人送一个时钟跟你结时间缘，这些都是很可贵的善缘。只要人有善心，自然善缘处处在，善门处处开！

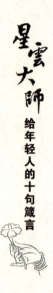
广结善缘

只要因缘具足，自能水到渠成。

——星云大师

佛经上说："未成佛道，先结人缘。"广结人缘是成大事的法宝。古往今来的大官大商都是人缘高手，他们长袖善舞、八面玲珑，通过"修人缘"修成了正果。

一个人想要获得成功，首先要拥有好人缘，学会广结善缘，才能创造出良好的人际关系。好人缘、好关系、好命运，在人生之路上往往是环环相扣的。常言道："善有善报，恶有恶报；不是不报，时候未到；时候一到，立即就报。"世事是因果循环的，种瓜得瓜，种豆得豆，积累了足够的善缘，自然成功与机会就会主动来敲门。

在19世纪末的时候，有一天，英国一位乘着马车到苏格兰去演讲的众议院议员在赶路的途中，马车陷入泥沼里，进退两难。这时，刚好有一个苏格兰的农家男孩经过，用自己的马匹将马车拖出泥沼，为这位议员解了困境。这位男孩由于对议员敬畏有加，不敢接受任何的酬劳。

"那么，你长大后想不想成为什么人物？"这位政治家问。

男孩回答："我希望将来能够成为一位医生。"

"到时候我一定会帮你的忙。"这位议员果真一言九鼎，在他的帮助下，那位勤恳的农家男孩日后如愿当上了医生。

五十多年后，一位杰出的政治家因为肺炎而濒临死亡，而他就是曾任英国首相的丘吉尔。就在绝望的时刻，有人给他一种神效药盘尼西林，救了他一命。盘尼西林是弗莱明所发明的，弗莱明正是当年那个救人于泥沼中的苏格兰农家男孩；而帮助这男孩完成学业的那位重信守诺的众议员，名叫兰道夫·丘吉尔，他正是丘吉尔的父亲。

佛说：善恶皆有因，万物皆有缘。我们或许觉得神奇或是不可思议，但有时候命运就是如此奇妙，就像是故事中丘吉尔的父亲，他早年的重诺与善举，日后竟意外地惠泽到了儿子的身上。其实，做善事是一种快乐，你解救了别人，帮助了别人，你的心中就会轻松，心松，体就松，体松就是健康的资本。

人的一生命运掌握在自己的手中，只是有时候自己悟不到。世间之事喜怒悲哀都有其因果，凡人之眼看到的是现实之利，容易被利益蒙住了自己的眼睛，做了丢西瓜捡芝麻的事还自以为聪明。善，不用思考，不求回报，该做的就当机立断，或许在你不知道的时候好运突然就降临了，就像下面的故事一样。

古时候，有个书生附随两个朋友进省城参加乡试，住在一个小旅店中，偶遇一个精通看相的人。此人偷偷地告诉他的两个随友说："你们的朋友将有大难，你们赶快躲开他。"听此言后，二友小议，托说房子太小，让他另外去找房子，无奈他只好另找住处。

天黑的时候潘走到一河边，远远看见一位妇女要投河自尽，他急忙大步上去阻拦。妇女见人救自己，反而嚎啕大哭起来。

他忙问："是何原因要自寻短见？"

妇女边哭边说："丈夫买棉花织布，积下了好几批布。丈夫出门后，我卖了四斤，没料到得到的都是假银。丈夫回来后一定会责难，所以想寻死。"

书生听后，未加思索从身上拿出银两送给了她。妇女连连磕头致谢。此时的他身上分文无有，只好到附近的一个小寺庙中借宿。当晚，住在寺庙的寺僧忽得一梦，只见许多神灵打鼓奏乐，随云下降，说考试录取榜已定，只因为原定解元近来做了损德事，上帝除名，还无人代替。

一位神说"这寺庙内的书生可以。"

另一位神说"他的命相应该横死，怎么可以做解元？"

一位神用手摸了一下书生的面说："现在不就是解元相了吗？"寺僧暗暗记住了这个梦，对住在寺内的书生厚加款待。考试完毕，书生又碰到看相的人，看相人大惊说："您做了什么阴德，变成了这个非凡的相？恭喜您已经考中第一名了！"发榜后，书生果然得了第一名。

《金刚经》中讲：行善济贫当"无相布施"，做善事助人，心中无我在帮助别人的念头。他人的夸奖，不过是过眼云烟；金字招牌终将腐朽。真正行善之人并不在乎这些功名利禄，相反，他们行善不仅不图回报，甚至在因行善而被人诟病、误解、诋毁时，仍能行善不止。

人生最可贵的一件事就是"结缘"，为了我们自己的生活愉悦，也为了大家的生命快乐，广结善缘实在重要。

第八章 方寸之间最美丽，心灵健康是幸福

——星云大师谈幸福

　　凡事顺遂并非就等于幸福，在追求幸福的途中，或许才是最幸福的时刻。过着什么也不缺的生活的人，是无法了解何为生活的幸福，欲望愈少,愈能享有幸福的人生。

——星云大师

幸福是一种能力

在社会上，没有比幸福、安乐更宝贵；

在人生上，没有比解脱、放下更自在。

——星云大师《佛光菜根谭》

放过风筝的人都会有这样的感觉，风筝飞的高度，不仅取决于风力的大小，还取决于放飞者对手中引线的把握，放得太松或太紧，都会影响到风筝飞的高度。

如果把空中的风筝比作手中的幸福，那么能否拥有这份幸福，绝对是一种能力，一种对生命的认知。

有一位先生得到一盆怒放的牡丹花，他发现每朵花的边缘都参差不齐，心里便不高兴，觉得牡丹花象征富贵，现在这盆花边缘不齐，是不是表示富贵不圆满呢？这位先生的担心被朋友知道了，朋友便笑着安慰他："你也可以把这朵花解释成'富贵无边'啊！"这位先生这才释怀。

星云大师认为：对幸福的感受，完全出于对幸福的认知，我们的想法可以想出天堂，也可以想出地狱。一个人要想得到真正的幸福，还必须修炼自我，让自己拥有一种幸福他人的能力。凡事都往好处想，以欢喜的心想欢喜的事，就是这种能力的表现。

有一只乌鸦在飞往他乡的路上遇到了喜鹊，便对喜鹊诉苦："这个地方坏透了，大家看到我飞行，听到我的声音，总是批评我，咒骂我，所以我要离开这里，飞到别的地方去重新生活。"喜鹊听后立即说："乌鸦呀，其实这个世界上到处都是一样的，你应该改一改你的叫声，如果你的声音不改，不管你飞到哪里，其结果都是一样的呀！"

喜鹊显然比乌鸦更具获得幸福的能力：乌鸦以为幸福在遥远的彼岸，而喜鹊则懂得将周围的事物培育成幸福。

要想幸福，还必须懂得提升自己。人生在世，悲欢离合是我们躲不掉的课题，学会既不挂念未来，也不会排斥当下，才能获得幸福的钥匙。

一个女人，在她还漂亮的时候嫁给了一个有钱人，虽然女人漂亮，但并她没有什么知识，一眼看过去赏心悦目，看多了便发现那两只眼睛的空洞。丈夫是个风趣又野心勃勃的男人，他们之间最初的平等建立在金钱与美丽容貌的交换。起初还好，有佳人在怀，看得出男人的自豪。在女人还很年轻漂亮的时候，他们之间基本保持着平等的关系。然而当眼神的空洞随着容貌的衰减愈加空洞时，等值的平衡关系被打破，男人开始寻找外遇。

女人痛苦万分，她觉得自己的一生已经没有希望。听完她的哭诉，她的女友一方面同情，一方面硬着心肠，用近似冷酷的口气问她："你觉得先生最在意你什么？"

女人似乎没有仔细想过这个问题，想了半天回答不上来。她问我："是我的漂亮吗？"

"你觉得呢？"女友陪着她叹气。

剩下的话女友不再说，再说就太让人伤心了。

明眼人不难看出，漂亮女人的女友不是给她的先生有外遇找理由，外遇只是婚姻不平衡时出现的状况之一，女友关心的是婚姻关系不平衡的问题。

在外人看来，女人没有错，她还是一如过去贤淑，也一如过去善良，只是她先生最在意的容貌不再光鲜了，这是没有办法的事。有人说，世上最残酷的事情之一，就是看到美人迟暮。迟暮的美人着实让人心酸。况且，漂亮不意味着有趣，同一个有趣的女子相比，漂亮女子经常就是苍白的。

那么，用什么可以弥补容貌衰减造成的婚姻不平衡呢？什么情况下，人才会最大限度地减少外遇而保持爱情与婚姻的纯度？

除了忠诚于爱情这些常态上的条件之外，彼此的在意和关系的平等制衡，兴许是最有效的了。一个女人如果不注意提升自己的内涵，不注意提升经营幸福的能力，那么，幸福只能离她越来越远了。

有这样一个故事：

一个自恃有钱、态度骄慢的银行家，去拜访一位哲人。一进门就不停地抱怨妻子不够体贴、孩子不够尊重自己、员工不感激自己，诉说自己如何富有、如何劳苦功高。

哲人将银行家带到窗前，问："向外看，告诉我你看到了什么？"银行家说："我看到了外面世界的很多人。"哲人又将他带到一面镜子前，问："现在你又看到了什么？"回答："我自己。"哲人笑了笑说："窗子和镜子都是玻璃做的，区别只在于镜子多了一层薄薄的水银。正是因为这一层水银，让你只看到自己而看不到世界了。"

财富的增长，改善了人们的生活水平。可是，金钱多了，生活中的幸福与和谐却在减少；金钱多了，人心却变得狭隘自私，与他人的关系生硬了。是金钱蒙住了人们的眼睛，让幸福、快乐和爱也渐行渐远。

　　金钱买得到灯光，买不到阳光；买得到补药，买不到健康；买得到女人，买不到爱情；买得到房，买不到家。买得到的是幸福指数，买不到的是幸福感觉。

　　幸福感是你经过长期积累、内在心理修炼后的外现，幸福的真正含义是全面地体验积极情绪和积极情感。因此，幸福是一种能力，是内心自我修炼的结果。

幸福是一种感觉

　　　　能在心中寻找和平的人，是最幸福的人；
　　　　能在众中发挥热力的人，是最智慧的人。

　　　　　　　　　　　　　　——星云大师《佛光菜根谭》

　　星云大师说："世间事都在自己的一念之间，当我们以圣人之心看世间，一切人都是圣人；以盗贼之心看人，则所有人等都是盗贼。因为想法不同，就有天堂地狱之别。"

　　有个弟子很爱抱怨。

第八章 方寸之间最美丽，心灵健康是幸福
——星云大师谈幸福

173

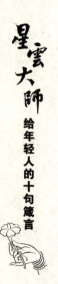
一天，师傅将一把盐放入一杯水中让弟子喝，弟子喝完说："咸得发苦。"师傅又把更多的盐撒进湖里，让弟子再尝湖水，弟子喝后说："纯净甜美。"

师傅说："生命中的痛苦是盐，它的咸淡取决于盛它的容器。你是愿意做一杯水，还是做一片湖水呢？如果是一杯水，即使很小的苦难也可能使你消极或者沉沦；如果你的人生态度像一片湖水，再大的苦难被你宽敞的心怀稀释了，也就算不了什么。"

174

生命中的痛苦和快乐，取决于盛它的容器，取决于你的心态。其实，任何事情本身就没有什么好坏之分，在于你怎样看待。

高峰禅师蜗居树上，人怜其衣食无着、身形垢秽。

禅师说："我虽然没有剃发，但我身心已经清净；我虽然没有华衣美服，但以人格来庄严；我虽然没有山珍海味，但以松实雨露如琼浆玉液，甚至山河大地、野兽鸟雀都是我的朋友！"

这就是懂得感受幸福。人住在哪里幸福？大部分人会说，当然是住在家里！但是有家的地方就有幸福吗？

有一则故事，讲的是一位富翁在酒店喝醉了，伏在酒店门前栏杆上不肯离去。这时酒店工作人员过不说："先生，您喝多了，我送您回家吧。""家？我家在哪里？"富翁反问。旁边有人指着不远处一所豪华别墅说。"那不就是你的家吗？"富翁一瞪眼："谁说那是我的家，那是我的房子，不是家！"

有了房子，没有相伴的人，房子就只是房子。有了房子，有了相爱的人，房子就成了家。家不仅仅只是安放身体的地方，更是承载幸福的所在。人都要有个家，而不只是房子。

人人都应该有这样一个家，这样一个幸福的地方。但也有人喜欢住在名位里，然而"树大招风，名大招忌"，你总有下台的时候，黯然下台后，你住在哪里呢？也有人住在事业里，为了事业，每天东奔西走，不顾妻儿父母、自身健康，忙到最后，家已不像家，身体也一日不如一日，这时候纵然事业再成功又有什么意义呢？

那么，人究竟要住在哪里呢？

《金刚经》说，不以色、声、香、味、触、法安住身心，人不要住在五欲六尘里，"应无所住，而生其心！"你看，太阳住在虚空之中，你以为它无所依靠，其实它一点儿也不危险，其实无住就是它的安住呀！

有个人养了一只狗和一只猫当宠物，每当他喂小狗的时候，小狗心里就想："主人这样爱护我，从来没有要我回报，这么一个大慈大悲的人，难道他是一个神明吗？"

可是当他喂小猫的时候，小猫心里也在想："这个人每天都给我美味的食物，对我百般殷勤，难道我是神明吗？"

同样的待遇，猫和狗的想法却大相径庭，可见世上事的是非、善恶、好坏很难有绝对的标准，往往取决于人们不同的想法。

有人身着绫罗绸缎，却难丢自惭形秽；有人粗衣布服，却能够心安理得。有人住花园别墅，却浑如住在樊笼；有人蜗居一间，却自觉天宽地广。

陶渊明因为不愿"心为形役"，所以退隐田园，幸福着"采菊东篱下，悠然见南山"的恬适；颜回因为懂得感受平凡的幸福，所以"一箪食，一瓢饮，在陋巷，人不堪其忧，回也不改其乐"。

孙中山先生成功缔造民国之后，无意担任民国大总统，而想做一个铁道部的部长。他懂得尊重内心，做自己想做的事，除此不为幸福也！

有一位计程车司机，别人开5年的车就要汰旧换新，他的一部车可以开10年，因为一般人在红灯停车时，总是在靠近时才猛踩刹车，而他懂得在远远的地方就放慢速度，等靠近红灯，车速也慢下来了。尽量减少猛然煞车的次数，就能保持车子的性能，延长车子的寿命。这是一种惜物的美德，是一种让自己心里洋溢着幸福的生活智慧。

五根指头争老大，大家都想当第一。大拇指一伸我是顶好；食指指东指西，要人服从；中指认为自己居中，最长、最大；无名指戴金戴银，珠光宝气。当大家都说过以后，小指说：我合掌，对人恭敬、对人礼拜，在圣人之前，我最靠近他，应该就是第一。

其实，第一固然很好，第二、三也是不错，第四、五各有所长，所以，能大能小、能前能后、能一能二的人生，最为幸福快乐！

衣服、鞋子、日常物用太多了，住所变成了仓库；土地很多，东一块、西一块，自己管理不了，别人处理不了，成为带不走的麻烦；房屋很多，南一栋、北一栋，到头来甚至不知道住在哪里才好？儿女很多，很有福气；福固然很好，气多了，也抵消幸福。丰裕不可泛滥，泛滥就成灾难了。

有一个人，当他穷困潦倒的时候，曾受朋友一餐之赐，后来有所作为，他以良田百亩回赠朋友，正是所谓"滴水之恩，涌泉以报"。

另有一人，在穷途末路的时候，有一个朋友收留他，供给食宿；后来朋友家中人口增多，实在不够居住，便在隔壁租了一间房子，请他迁居，但此人却怀恨在心，誓言要把朋友弄得家破人亡。

这就是人们所谓的"一斗米养了一个恩人，一石米养了一个仇人"，此皆是想法不同所致。"你骑马来我骑驴，看看眼前我不如；回头一看推车汉，比上不足下有余。"幸福与否，完全取决于你看问题的角度。一个人的思维模式，不能只是直线的，也不能只是单向的，凡事要从多方面地去思考。

星云大师说："聪明的人，凡事都往好处想，以欢喜的心想欢喜的事，自然成就欢喜的人生；愚痴的人，凡事都朝坏处想，愈想愈苦，终成烦恼的人生。世间事都在自己的一念之间。我们的想法可以想出天堂，也可以想出地狱。"

上帝用了7天造了世界，他又用7天，想要给人们带来幸福……

第一天，遇到一个乞丐，上帝问他："你想要怎样的幸福？"

乞丐说：我想要吃饱，穿暖，有地方遮风挡雨。上帝给了他所要的幸福。

第二天，遇到一个瞎子，上帝问他："你想要怎样的幸福？"

瞎子说："我想要一双明亮的眼睛，可以看见这个美丽的世界。上帝也给了他所要的幸福。"

第三天，遇到一个瘸子，上帝问他："你想要怎样的幸福？"

瘸子说："我想要一双充满活力的腿，可以尽情地奔跑。上帝也给了他所要的幸福。"

第四天，遇到一个哑巴，上帝问他："你想要怎样的幸福？"

哑巴比划着表示："我想要一个响亮的嗓子。可以大声的说话和歌唱。"上帝也给了他所要的幸福。

第五天，遇到一个单身汉，上帝问他："你想要怎样的幸福？"

单身汉说："我想要一个善良的女子，结婚生子。"上帝也给了他所要的幸福。

第六天，遇到一个商人，上帝问他："你想要怎样的幸福？"

商人有点儿迷茫，他问上帝："什么才是幸福？"

上帝说："如果你真的不知道，我可以教你，不过我时间不多，只能花用一天时间。"

第七天，商人醒来，发现自己变成了乞丐，老婆孩子都死了，房子也没了，他瞎了一只眼睛，瘸了一条腿，还变成了不能说话的哑巴。

上帝问他："你知道什么是幸福了吗？"

商人痛哭流涕，终于明白了：幸福，原来一直在自己的身边！

178

人到世间上来，不是为苦恼而来的。金代禅师说："不是为生气而种兰花。"天天烦恼失意的人生，是毫无乐趣、毫无幸福可言的。

幸福是种感觉，幸福就是真心的感到快乐。其实真正的幸福与金钱无关，与住别墅开名车穿裘皮无关，与高官厚禄无关，真正的幸福是心灵的安恬、精神的充实、和谐的情感、平静的生活。

幸福人生的法宝

胸襟宽大，条条都是大路；

心意清净，处处都是净土。

——星云大师《佛光菜根谭》

《星云法语·修心学佛》里说，我们的心总是向外追逐，希冀获得满足与快乐，然而不断追求的结果，只有愈发感到空虚与烦恼。当我们信仰正当的宗教，听闻正法，感受到正法之味如饮甘露，便会心生爱乐，勤奋求法，因为在法乐之中，能获得更多的欢喜。

有一个人，他生前善良且热心助人，所以在他死后，升上天堂，做了天使，他当了天使后仍时常到凡间帮助人，希望感受到幸福的味道。

一日，天使遇见一个农夫，农夫的样子非常烦恼，他向天使诉说："我家的水牛刚死了，没它帮忙耕田，那我怎能下田作业呢？"于是天使赐他一只健壮的水牛，农夫很高兴，天使在他身上感受到幸福的味道。

又一日，天使遇见一个男人，他非常沮丧向天使诉说："我的钱被骗光了，没盘缠回乡。"于是天使给他银两作路费，男人很高兴，天使在他身上感受到幸福的味道。

再一日，他遇见一个诗人，诗人年轻、英俊、有才华且富有，妻子貌美而温柔，但他却过得不快活。天使问他："你不快乐吗？我能帮你吗？"诗人对天使说："我什么也有，只欠一样东西，你能够给我吗？"天使回答说："可以，你要什么我都可以给你。"

诗人望着天使："我要的是幸福。"这下子把天使难倒了，天使想了想，说："我明白了。"天使拿走诗人的才华，毁去他的容貌，夺去他的财产。

天使做完这些事后，便离去了。

一个月后，天使再回到诗人的身边，他那时饿得半死，衣衫褴褛搂着妻子不住地向天使道谢，因为他知道什么是幸福了。

这个故事告诉我们幸福是什么？

幸福有时就在人们身边，只是人们没有觉察，也不懂得珍惜，只有失去了才觉得可贵。有人说"能吃"是福，星云大师说"能拉"也是福。有人说"能睡"是福，星云大师说"能醒"也是福。有人说"能坐"是福，星云大师说"能忙"也是福。

其实人生在世，总离不开工作，能工作也是一种福气！那么，幸福就会时时驻你心中！

在美国一所大学中，有一组社会学家对上百对结婚超过50年，至今还快乐无比的夫妻做了一个调查，问到有关使他们婚姻如此成功的因素。每个人都说他们的伴侣是他们最好的朋友。他们都有共同的信仰、共同的兴趣、共同的目标，并对人生有共同的方向。答案显示出一个压倒性的事实--友谊。而其他像外形的美丑，及物质财产等，却居于次要的位置。

这个资料告诉我们幸福婚姻的根本。好夫妻，同时是好朋友。很多走向民政局分手的夫妻说"我们之间没有爱了"，其实更多的是"我们之间连朋友都不如了"。让我们珍惜彼此，如此你不会如此伤害你的朋友，对你的朋友无礼，那么，对另一半应该更好才对。

男孩与他的妹妹相依为命。父母早逝，她是他唯一的亲人。所以男孩爱妹妹胜过爱自己。然而灾难再一次降临在这两个不幸的孩子身上。妹妹染上重病，需要输血。但医院的血液太昂贵，男孩没有钱支付任何费用，尽管医院已免去了手术费，但不输血妹妹仍会死去。

作为妹妹唯一的亲人，男孩的血型和妹妹相符。医生问男孩是否勇敢，是否有勇气承受抽血时的疼痛。男孩开始犹豫，10岁的大脑经过一番思考，终于点了点头。

抽血时，男孩安静地不发出一丝声响，只是向着邻床上的妹妹微笑。抽血完毕后，男孩声音颤抖地问："医生，我还能活多长时间？"

医生正想笑男孩的无知，但转念间又被男孩的勇敢震撼了：在男孩10

岁的大脑中，他认为输血会失去生命，但他仍然肯输血给妹妹。在那一瞬间，男孩所作出的决定是付出了一生的勇敢，并下定了死亡的决心。

医生的手心渗出汗，他紧握着男孩的手说："放心吧，你不会死的，输血不会丢掉生命。"

男孩眼中放出了光彩："真的？那我还能活多少年？"

医生微笑着，充满爱心地说："你能活到100岁，小伙子，你很健康！"

男孩高兴得又蹦又跳。他确认自己真的没事时，就又挽起胳膊--刚才被抽血的胳膊，昂起头，郑重其事地对医生说："那就把我的血抽一半给妹妹吧，我们每人活50年！"

孩子无心的语言，令在场的所有人震惊，这就是亲情的力量。

这个故事告诉我们亲情的幸福。

"血浓于水"，与其他各种关系相比，亲情是人类情感中最无私的一种。善待亲人，让亲情给我们的幸福生活提供精神动力。

一个年轻美丽的女孩子，与一个在世界500企业做软件开发的小伙子结识，开始恋爱，那个小伙的工作能力没得说，生活井井有条，也没有不良嗜好，总结起来：学历较高，长得还行，收入高，人品好，年龄相配，那女孩子自己也有不错的职业。按理说，郎才女貌，这可是值得羡慕的一对。

可是，大概由于小伙子从事职业的缘故，同时也因为外企思维训练所致，在生活中小伙子也将生活弄得像计算机编程似的，他与女孩子的东西、摆放区域严格区分，生活中碰到争议，也是理性的分析，寻原因，找责任，刨根究底，并定下各人承担的比例。同时，还写下20条双方必须遵守的规定。结婚前，他要求婚前的财产进行严格的界定。

因此，这段爱情并没有发展下去。

这个故事告诉我们，要享受幸福，多用右脑。

人的左右两个大脑半球是有严格分工的，左脑是"自身脑"，它属于逻辑的、理性的、功利的、个人经验的、分析的、计算的大脑，人要生存，就必须利用好左脑。

而右脑则是"祖先的大脑"，它属于情感的、灵感的、直觉的、音乐的、艺术的、宗教的等可以产生美感和喜悦感的大脑。

现代社会，工作的时间多，绝大多数人已习惯利用左脑去看待问题和解决问题，但是对待生活，光是左脑是不够的，左脑可以让人享受事业成功，却无法让人享受生活的幸福感。

工作多用左脑，生活请多用右脑。

幸福源于进取

安排自己能获得快乐，充实自己能获得知识，
掌握自己能获得平安，创造自己能获得成功。

——星云大师《佛光菜根谭》

幸福来源于进取。每一个人在一生中都有很多的理想，而崇高的理想，则是幸福人生无穷的动力。

登山者所以能征服高山，因为这是他的理想；航海者所以能够征服海

洋，因为这是他的希望。人类能够登上月球，因为他有探索虚空的愿望；禅修行者能够闭目冥思，只为了探索内心神秘的世界。

最大的幸福，是有希望和梦想！"有梦在远方"是我们人生最大的力量。

有一对兄弟，他们的家住在80层楼上。有一天他们外出旅行回家，发现大楼停电了！虽然他们背着大包的行李，但看来没有什么别的选择，于是哥哥对弟弟说，我们就爬楼梯上去！于是，他们背着两大包行李开始爬楼梯。爬到20楼的时候他们开始累，哥哥说："包太重了，不如这样吧，我们把包放在这里，等来电后坐电梯来拿。"于是，他们把行李放在了20楼，轻松多了，继续向上爬。

他们有说有笑地往上爬，但是好景不长，到了40楼，两人实在太累了。想到还只爬了一半，两人开始互相埋怨，指责对方对方不注意大楼的停电公告。才会落得如此下场。他们边吵边爬，就这样一路爬到了60楼。到了60楼，他们累得连吵架的力气也没有了。弟弟对哥哥说："我们不要吵了，继续爬吧。"终于80楼到了！兄弟俩兴奋地来到家门口，兄弟俩才发现他们的钥匙留在了20楼的包包里了……

这个故事其实反映了我们的人生：20岁之前，我们活在家人、老师的期望之下，背负着很多压力、包袱，自己也不够成熟、能力不足，因此步履难免不稳。20岁之后，离开了众人的压力，卸下了包袱，开始全力以赴地追求自己的梦想，就这样愉快地过了20年。可是到了40岁，发现青春已逝，不免产生许多遗憾和悔恨，于是开始遗憾这个、惋惜那个、抱怨这个、嫉恨那个……

就这样在抱怨中度过了20年。到了60岁，发现人生已所剩不多，于是告诉自己不要再抱怨了，就珍惜剩下的日子吧！于是默默地走完了自己的余年。到了生命的尽头，才想起自己好像什么事情没有完成……

原来，我们所有的梦想都留在了20岁的青春岁月，还没有来得及完成……

有一只小蜗牛，总是嫌自己背上的壳既笨重，又不好看，它羡慕天上的飞鸟，有天空守护；它羡慕地下的蚯蚓，有大地为依。但是蜗牛妈妈告诉它：你不靠天，也不靠地，你要靠自己身上的壳。身上的壳虽不美丽，虽很笨重，但却是你自己的安全保障，嫌弃自己，羡慕别人，哪里会成功呢？

历史上多少伟大的事业，都是靠着理想和愿望所产生的力量而能成就。怀抱理想，可以使生命发光发热；实现理想，人类才能不断地进步。

有位秀才第三次进京赶考，住在一个他经常住的店里。考试前两天他做了三个梦，第一个梦是梦到自己在墙上种白菜，第二个梦是下雨天，他戴了斗笠还打伞，第三个梦是梦到跟心爱的表妹脱光了衣服躺在一起，但是背对着背。

这三个梦似乎有些深意，秀才第二天就赶紧去找算命的解梦。算命的一听，连拍大腿说：你还是回家吧。你想想，高墙上种菜不是白费劲吗？戴斗笠打雨伞不是多此一举吗？跟表妹都脱光了躺在一张床上了，却背对背，不是没戏吗？

秀才一听，心灰意冷，回店收拾包袱准备回家。店老板非常奇怪，问："不是明天才考试吗，今天你怎么就回乡了？"秀才如此这般说了一番，店老板乐了："我也会解梦的。我倒觉得，你这次一定要留下来。你想想，墙上种菜不是高种吗？戴斗笠打伞不是说明你这次有备无患吗？跟你表妹脱了背对背躺在床上，不是说明你翻身的时候就要到了吗？"秀才一听，更有道理，于是精神振奋地参加考试，居然中了个探花。

积极进取的人，像太阳，照到哪里哪里亮；消极的人，像月亮，初一、十五不一样。有梦想是好事，梦想激励创造，可能扩大有限的生命和世界。但光是梦想没有用，前途要靠自己慢慢地走出来、做出来。只说不做,或是做得不周全、不踏实，再伟大的梦想,也只是一场春秋大梦，梦醒了，一切都是空的。

冬天里的一天中午，一只蝉实在很饿，就请求蚂蚁给它点食物吃。

蚂蚁问它："你夏天干什么去了？"

蝉说："我一个夏天都在唱歌。"

蚂蚁说："既然这样，你为什么不在冬天里去跳舞呢？"

很多人在年轻的时候，很像唱歌的蝉，看不起辛苦工作的蚂蚁，觉得它们太实际，太操劳，认为蚂蚁的生活理想太不值得一提。其实，人生的夏天很快就会过去，如果要过上好日子，我们必须在人生的冬天来临之前努力工作，积累财富并能找到新的盈的方式。

有一个小孩子，虔诚地请求慧能禅师道："请禅师慈悲为怀，收我为徒，救度众生。我恳切地要求拜师出家。"

慧能禅师说道："在我这禅宗门里，银轮王的嫡子、金轮王的孙子才能继承法嗣，不致损坏宗门风气。你是山野小村里的俗人、牛背上长大的孩子，怎么能够投入这个宗门来呢？这不是你分内的事！"小孩子讲道："启禀禅师，万物平等，没有高低，您怎么能用这样的话阻碍我向善的心呢？再次请求禅师发慈悲收我为徒！"

慧能见他颇有慧根，便收下了他。

不难猜出，小孩子后来确有大的修为，这是因为他的执著，拥有坚持和成功的人生才是有价值和幸福的人生。

年轻人只有富有强烈的进取心，才能够在以后的人生路中寻得应有的快乐和人生意义。

在美国标准石油公司里，有一位小职员叫阿基勃特。他在远行住旅馆的时候，总是在自己签名的下方，写上"每桶4美元的标准石油"字样，在书信及收据上也不例外，签了名，就一定写上那几个字。他因此被同事叫做"每桶4美元"，而他的真名反倒没有人叫了。

公司董事长洛克菲勒知道这件事后说："竟有职员如此努力宣扬公司的声誉，我要见见他。"于是邀请阿基勃特共进晚餐。

后来，洛克菲勒卸任，阿基勃特成了第二任董事长。

就是这样一件谁都可以做到的小事，只有阿基勃特一个人去做了，而且坚定不移，乐此不疲。嘲笑他的人中，肯定有不少人才华、能力在他之上，可是最后，只有他成了董事长。

一个人的成功，有时需要偶然的因素。可是谁又敢说那不是一种必然？有许多不起眼的小事情，谁都知道该怎样做，问题在于谁会真正地去做，谁能坚持做下去。只有坚持着做下去的人，才会把成功的偶然变成必然。

美国作家欧·亨利在他的小说《最后一片叶子》里有这样一个故事：

病房里，一个生命垂危病人从房间里看见窗外的一棵树，在秋风中一片片地掉落下来。

病人望着眼前的萧萧落叶，身体也随之每况愈下，一天不如一天。她说："当树叶全部掉光时，我也就要死了。"一位老画家得知后，用彩笔画了一片叶脉青翠的树叶挂在树枝上。因此，最后一片叶子始终没有掉下来。

就因为生命中的这片绿叶，病人竟奇迹般地活了下来。

虽然人有希望就会有失望，虽然人生可以失去很多东西，却唯独不能失去希望，有希望生命就会生生不息，请为你的生命画一片绿叶吧！

因此要做到，每天说一些欢喜的话，激励自己不要悲伤。每天做一些利人的事，激励自己融入群众。每天读一些益智的书，激励自己增长智慧。每天审视圣者的慈像，激励自己增加内心的善美。

《星云大师谈幸福》中说："佛教在人间实践了两千多年，产生了一个伟大的理想'人间佛教'。人间佛教旨在创造家庭的净土，创造社会的净土，创造心中的净土，要散播慈悲的种子，散发欢喜的芬芳。"曾几何时，人间佛教已经开始开花结果了，这种快乐和幸福，对于佛弟子而言，是其他事情都无法相比的。

任何一个寺院都会有自己的清规戒律，但即便如此，还是会有些小和尚屡屡犯戒。定一法师所在的这个禅院也是如此，他决定有机会对这些小和尚予以教诲。

这一天，刚刚做完日常佛事，僧侣们正要走出禅房时，老方丈定一法师扬手碰落了供台上的一个瓷瓶，摔了个粉碎。众弟子一下愣在那里，不知方丈的这一举动，是有意为之，还是无意所致。

定一法师见这些和尚都在以那种探询式的眼光看着自己，便语气凝重地说道："非常可惜吧？一坯泥土，不知经历了多少工序，经过了多长时间的煅烧，才超脱成珍贵的瓷瓶，被我们摆上了神圣的供桌，成为一件高贵圣洁的法器。如果保存好了，它千百年都不会损坏的，甚至可以永远流传下去。可是，扬手之间，它就坠落于地，一文不值了。同样的道理，一个人，尤其是我们敛德修行的僧人，取得了法号，悟出个境界，不是件容易事！你若不珍惜、不自律，堕落起来与瓷瓶无异！"一时间，大家你看看我，我看看你，默默无语。

小和尚中有些人忽然有所顿悟，于是合掌跪地，深表忏悔。

要烧制一个精美的瓷瓶，需要付出无数的艰辛，可轻轻一碰就会被摔得粉碎。建设难，摧毁易；立事难，败事易；学好难，学坏易；修行难，放纵易……

由此想到现在的一些年轻学生，追求"自由"讲究"生活"，用燃烧青春和毁灭自己去享受一时的"快乐"，岂不悲哉。

只有付出艰辛劳动和勤奋进取所获得的快乐才是健康的、永久的，而且还要坚守必要的戒律，否则很容易就会毁于一旦。

心中安乐幸福即天堂

心中安乐幸福即天堂，

心中尤悲苦恼即地狱，

心中菩提正见即天堂，

心中烦恼无明即地狱。

——星云大师《佛光菜根谭》

星云大师说过：婆娑世界充满了痛苦、无奈、委屈、不平，如何才能活得自在？唯一的办法，是以自己的般若智慧找到心中的净土。

一个懂得生活的人，一定要像行云流水一样，任运逍遥，自由自在，不要因为名缰利锁而自我束缚、自我设限、自我封闭。心态好，一切都好。

有一天，老师上国文课时，布置了一个家庭作业，

要班上每位小朋友练习当小记者，回家访问自己的爸爸，写下他们的三个愿望。

小明回到家，盼呀盼，终于等到爸爸下班回来。

吃过晚饭就向爸爸说明这项作业，然后就开始访问起爸爸了。

小明充满期待，兴奋地问："爸爸，请问您的第一个愿望是什么？"

问完后就专注地看着爸爸，希望能听到一个了不起的答案。

爸爸思考了一下，说："希望能吃得下饭。"

小明以为自己听错了，再次询问确定后大叫一声：

"爸！这算什么答案呀！这个愿望太平凡了，能不能换一个啊？"

爸爸说："小明，你现在是记者，你不能对被访问人的答案有意见，被访问的人说什么，你都要清清楚楚真实地记下来，才是一个好记者呀！"

小明只好心不甘情不愿地写下：爸爸的第一个愿望是"吃得下饭"。

小明再次提起精神问："爸爸，那您的第二个愿望是什么呢？"

"睡得着觉。"爸爸说。

小明急了："爸！同学的爸爸一定会帮他们拿好成绩，你这样的答案一定会害我挨老师骂啦！"

爸爸只是重复说："孩子，你不能够左右被访问者，被访问的人说什么，你就记什么，才是一个好记者。"

小明觉得很无奈，写下：爸爸的第二个愿望是"睡得着"。

小明很灰心，只好期待爸爸第三个愿望能让人满意。

结果爸爸回答他："希望笑得开心。"

小明非常不高兴，说："爸，你这种答案会让我变成全班同学的笑柄啦！"

小明快哭了，爸爸只好叫他去问妈妈，看他妈妈怎么说。

只见小明乘兴而去，败兴而归，在作业单上自动地写下爸爸的第三个愿望：希望"笑得开心"。因为妈妈的回答竟然跟爸爸是一样的。爸爸看小明不高兴，就跟他说："要不然你可以在作业单写下自己的看法呀！"

小明最后写着："我的爸爸回家就是吃饭，睡觉时打呼声音很大，他不是很有钱，但是我们家常充满笑声。爸爸很爱我，我也爱他。"

第二天，爸爸一回家就问小明，昨天的小记者作业得到几分。

小明回答："98分，全班最高分。"

人因梦想而伟大而有进取，但是好高骛远、不切实际的梦想是不可取的。

如果能随遇而安、放下争斗的心，才能吃好、睡得安稳、笑得开心，这才是平凡中的真正幸福。

人们往往忽略、放弃一些他们自以为最简单、最容易、最平凡、最基本的事，但往往这些是最难得到、最珍贵的。

有一个人总有很好的运气。她获得好运的秘诀是，每天早上出门，如果遇到晴天就说："啊！这是个多么美好的天气啊！"如果遇到雨天，就讲："啊！这是一个多么有情调的天气啊！"坐上车也会想，今天是个幸运的日子。然后觉得每个人都在对她笑，好运也就跟着来了。

有些话，听起来似乎有点儿神乎其神，但总能保持一颗乐观而充满希望的心是非常重要的。好运气来自好心情，好心情来自于好心态，态度决定一切，心态决定命运也是人生成功的一大奥秘。

《星云大师谈幸福》中说：

恋爱失败了，你想：以后可能会有更好的对象；失业了，你告诉自己：也许明天会有更好的就业机会。

大雨天，不能外出，不能运动，不好受，转念一想：下雨天正可以在家读书。

被人倒债了，如果你往好处想：损失财富，可能财去人安乐，可能因此消灾免难。

世间事，祸福得失往往难以预料，好坏有无也非绝对的，所以遇事能换个角度想的人，总能从窘境中破茧而出。

一个青年来到绿洲，碰到一位老先生，年轻人便问："这里如何？"老人家反问说；"你的家乡如何？"年轻人回答："糟透了！我很讨厌。"老人家接着说："那你快走，这里同你的家乡一样糟。"

后来又来了另一人青年问同样的问题，老人家也同样反问，年轻人回答说："我的家乡很好，我很想念家乡的人、花、事物。"老人家便说："这里也是同样的好。"

旁听者觉得诧异，问老人家为何前后说法不一致呢？老者说："你要感受什么？你就会找到什么！"

当你以欣赏的态度去看一件事，你便会看到许多优点；以批评的态度，你便会看到无数缺点。正所谓：人的想法是正确的，他的世界就是正确的。人的心态是美好的，他的世界也是美好的。

有两个台湾观光团同时到达日本的伊豆半岛旅游，那里路况很差，到处都是坑洞。其中一个团的导游连声抱歉，说路简直像麻子一样。而另一个团的导游却诗意盎然地对游客说："诸位先生，我们现在走的这条道路，正是赫赫有名的伊豆迷人酒窝大道。"

心境，心在前境在后，虽是同样的情况，然而不同的意念，就会有不同的态度。如何去想，决定权在你。

有一个失恋的姑娘，在公园里哭泣。

一个哲学家知道她为什么而哭之后，没有安慰她，而是这样跟她说："你不过损失了一个不爱你的人，而他损失的是一个爱他的人。其实，他的损失比你大，你气他干什么？不甘心的人应该是他呀！"

人生的喜怒哀乐，可因心态不同而有所不同，对同一件事是乐观还是悲观，世界可能从此不同。情由心生，一旦改变了感情的支点就将改变心情，只要改变心情，就会改变世界，无论昨天发生了什么，太阳依旧从东方升起。

有位年轻人在岸边钓鱼，旁边坐着一位老人也在钓鱼，两人坐得很近，奇怪的是，老人不停地有鱼上钩，而年轻人一整天都没有收获，年轻人终于沉不住气问老人："我们两人的鱼饵相同，地方一样，你为何轻易钓到鱼，我却一无所获？"

老人从容回答："我在钓鱼的时候，心里只知道有我，不知道有鱼；我不但手不动，眼不眨，连似乎静得没跳动，让鱼也不知道我的存在，所以鱼常咬我的鱼饵；而你心里总是只想着鱼吃你我鱼饵没有，眼睛不停地盯着浮标，见浮标一晃动，就认为有鱼上钩，心中急躁，情绪多变，心情烦乱不安，你的鱼竿在不停抖动，使浮标和鱼饵也抖个不停，鱼不让你吓走才怪，这样你怎么会钓到鱼呢？"

平和的心态常常会有更多的收获，更多的幸福，急功近利往往会欲速则
不达，所谓功到自然成就是这个道理。如果只看到别人的成功而不知道别
人成功背后的原因，就永远会被成功拒于门外。

有一个年轻人，刚结婚时，逢人便说，有了家庭生活多么美好、惬
意。单身时，回家吃泡面度日，现在一回到家,大门一开,笑容可掬的太太
提着拖鞋让我穿上，一进到屋子里，可爱的小狗围着我汪汪叫，餐桌上菜
香四溢，你看人生多么美好！拥有家庭多么幸福呀！

一年后，他逢人便诉苦，结婚的烦恼,有了家庭的烦恼。因为现在一回
到家，太太不再拿拖鞋给我穿了，她也有工作忙碌着，换成小狗叼拖鞋给
我，我的太太要求我要分担家事，要求我要懂得投资之道，要求我要准时回
家……一年后，浪漫的烛光晚餐不见了，温柔可人的太太变成管家婆，结
婚这么不自由，简直像个牢狱一般。

年轻人心情苦闷，跑到寺庙向一位法师诉苦。法师听完年轻人的话，
告诉他："你大可不必再苦恼，你仍然可以过着幸福快乐的日子。为什么
呢？你的拖鞋一样有善解人意的小狗给你衔来，太太对你要求的声音，就
当作小狗可爱的汪汪叫，仿佛是像一首又一首的幸福乐曲，你的生活，还
是和以前一样美满。"

外在环境怎么改变并不重要，重要的是我们内心的世界不要被外境所
迷惑,平添烦恼。我们的心常因外境而生分别心，听到好话如上天堂，听到
批评则茶饭无味、辗转难眠。

一池落花，两样心情，有人怜惜好花飘零,有人却喜花果将熟。改变外
在的环境，不如改变我们内在的心境，只要保持良好的心态，快乐和幸福

将永远相随。

在佛教《百喻经》里有一段譬喻故事：

有一个村庄，百姓日用所需的饮水，必须走上五里路，到村外一条河里担水。走上五里的路，村民们个个怨声载道："这么辛苦，挑一趟的水要走上五里路，苦啊！"他们甚至怨恨国家、怨恨国王，不替人民解决民生问题，使得他们连吃一担水都要这么辛劳。

村民的怨言传到皇宫，国王表示，挑一担水要走五里路，确实是太远了，于是下令：这一条路不可以叫做"五里路"，把它改名为"三里路"吧！

接获命令后，这个村庄的百姓再去挑水时，个个欢喜之至，连连称赞国王的德政："哎呀！太好了，太好了，现在我们去挑一担水，只要走三里路就好了。"

心里不欢喜，"五里路"便怨声四起，改作"三里路"后以为距离缩短了，便不由的欢欣快乐。世间上哪有绝对的欢喜或绝对的不欢喜，欢喜与否只不过是我们自己心理的分别和妄动罢了。

禅宗的功夫，在很大程度上是一种调心的功夫，举手之劳，就可以转痛苦为快乐，化地狱为仙境。

佛教有一位弥勒佛，大家都称他"欢喜佛"。相传五代梁朝有一位布袋和尚是弥勒佛的应化身，常杖荷一布袋，游戏人间。有一偈："一钵千家饭，孤身万里游；青目睹人少，问路白云头。"正是布袋和尚一生的写照，也是我们在"器量"哲学上，可作为参考的最佳人生观。

布袋和尚自称老拙，说道："有人骂老拙，老拙只说好；有人打老拙，老拙自睡倒。有人唾老拙，由它自干了；他也省气力，我也省烦恼。"

事事由它的境界是大度的最高表现，是在低头退步间成就人间和谐的大智能力。

别人骂我，我由你骂；打我，我躺下来任你打；唾我，我由它自己干了。这种化解一口气，不争一时高下的大度和器量，是忙碌、纷扰的人世间极为需要的修养。

《星云禅话》中说：世间上的事，不管苦乐都要自己去处理，不要太排斥；为人处世，时时要心存感恩，即使不如意的也是逆增上缘。纵遇到冤家对头，也要对于顽强众生有包容心，对于怯弱众生予以鼓励"只从柔处不从刚，只想好事不想坏；服务勤劳不后退，谦和恭敬满芬芳。"

你如果能在称、讥、毁、誉、利、衰、苦。乐的"八风"境界里，都能不为所动，你自然就能自在解脱了，那时候,你不就是"观自在"了吗！
（《星云大师谈幸福》）

幸福是"无我"与利人

> 要懂得"无我"，才能融入大众，
> 要明白"空性"，才能真空妙有。
>
> ——星云大师《佛光菜根谭》

星云大师说过：人间佛教的行者，参禅修道也不离"四摄法"度众：布施，令众生身心无忧；爱语，令众生发大信心；同事，令众生信受法义；利行，令众生入佛之智。

一个人，随时随地都可以修行，抱着一种欣赏欢喜的心态，日子会过得很愉快。社会是人的集合，人人尽心营造幸福的社会，个人才容易得到幸福。

凡事都拒绝，凡事说"不"，人生还拥有什么呢？一个有能力的人，一个会办事的人，凡事都"是"；即使拒绝，也会提供取代的方案。帮助别人，就是在播种快乐，别人快乐了，你自然也会欢喜快乐。

196

欧美至今是先进国家，最可贵的是一般小市民，对于社会公益或表现爱心的事，都是争相参与，不愿做个旁观者。

一场球赛，多则数万人观赏；教堂的集会，动辄数百人参加；一个儿童走失了，多少村庄、县市，共同动员协寻。

曾经，因为一只飞鸟被一名小孩用箭射中了，但仍然飞行逃生，全美、加的报纸、电台，一致加入报道、呼吁，发动全国人民要保护这只小鸟。

在电影《威鲸闯天关》中演出的杀人鲸威利，一度感染肺炎，美国千万人捐款，合力拯救，复原后，又以专机把它从俄勒冈州送回故乡冰岛。

美国加州有一个儿童喝完汽水后，任意把空罐子随手丢弃，后面的老婆婆看了就命令儿童捡起来，儿童问："关你什么事？"老婆婆说："怎么不关我事？你乱丢东西,制造垃圾,污染环境,我们社区的房地产会跌价,这就跟我有关系！"

在联邦德国，年轻房客住在公寓里，白天夜晚都开着灯，别的房客看不过去，叫他关掉。年轻人说："关你何事？"房客说："你浪费能源，使国家陷于贫穷，怎么不关我事？"

最终两德统一了。

凡是于人有利的、对人好的，你不欢喜，你也得欢喜，因为这个社会是共有的，由不得你个人"欢喜不欢喜"。人生在世，要让社会大众欢喜地接受你，你就得以别人的欢喜为欢喜、以别人的不欢喜为不欢喜，众意必然能规范我们个人的行为，因果也能裁定我们的行为。所以，"欢喜与不欢喜"，有所为、有所不为也，不能不慎之。

有一个长工，看到主人拥有一尊金佛，每日礼拜，心中慨叹自己穷困，连想要拜佛都没有机会。有一天，趁着主人不在家，他悄悄地走到佛像前面礼拜。但事有不巧，恰被主人回来看到了，厉声责骂他："你有什么资格拜我的金佛？"长工不得已，只好在砍柴的时候利用一根木材，动手刻了一尊佛像，供在自己简陋的住处礼拜。

这天，主人发觉他家后院人来人往，原来都是到长工住处礼拜木佛。主人非常生气与嫉妒，声言要让金佛与木佛比斗，看看究竟哪尊佛比较厉害。比赛开始后，初时两佛推挤，势均力敌；但过不了多久，金佛渐渐屈居下风，终至不敌木佛而倒地不起。主人就责怪金佛："为什么你连木制的佛像都不如？"

金佛说："你看那一尊木佛，每天有多少的信徒带着供果前往上香礼拜，他受了那么多的香火，自然力气充足；我虽然是金佛，但是你不肯把礼拜供养的机会分享大众，所以我敌不过木佛而不支倒地，这是再自然不过的事了，有什么好奇怪的呢？"

能把自己拥有的给别人，是富有；只会贪图别人给自己，是贫穷。

钱用了才是我们的，如果悭吝不用，世事无常，不知今后将会是谁的？钱如水要流动，才会清澈甜美，否则是一潭死水。一滴水就有无限功用，更何况大家的布施，其功德是无限的。

《星云大师谈处世》中写道："给"，是世界上最美好的事，也人人给得起。给人一句好话，给人一个微笑，给人一份心意，给人一点服务……都能收获一片幸福。

真正帮助别人的人，是发自内心、不求回报的。

有两个人在吵架，吵得不可开交，旁边围拢着一群人，想替他俩劝解。

首先，一个装着金牙的人说道："请你们不要吵了，让我来给你们赔个笑吧！"说着就咧开满嘴的金牙大笑起来。

这时，有一个脸上擦粉的人，很快地站起来，指着自己的脸说道："请你们不要吵了，赏给我一个薄面吧！"

手上戴着金戒指的人，立刻握起拳来，在空中挥舞了一下，说道："你们如果再吵下去，我就给你们一人一拳。"

脚下穿着新皮鞋的人，说道："你们如果还要再吵，我可要给你们一人一脚。"说着撩起裤管，作势将脚抬了起来。

一个身上穿着新衣服的人，奋勇向前大声说道："请不要再吵，一切都包在我的身上吧！"说着，拍拍自己的胸膛。

这一群看似帮助别人、为别人排难解纷的人，实则想借机满足自己的虚荣。虚荣心毫无意义、毫无价值，但世间人常以此自欺。有的人用身外之物讲究名牌展现虚荣，有的人凡事爱出风头、喜欢受人赞美、经常吹捧自己等等，诸多浮华不实之事，都是虚荣心的表现。

只学会虚荣，不肯务实的做人做事，就如一棵没有根的树，是很容易枯萎的，又如一栋地基不稳的大楼，随时都有倒塌的可能。所以吾人应知，虚荣只是一时的，务实才是永久的。玄奘大师的"言无名利,行绝虚浮"，正是我们最好的学习典范。（《星云大师谈幸福·虚荣毫无价值》）

释迦在世的时候，有一个名叫难达的老婆婆很想拿些什么东西来供养释迦，但很可惜的是，老婆婆非常贫困，根本拿不出任何东西。一天，老婆婆想用灯火来供养释迦，就到集市上去买灯油，卖家问她："你穷的连饭都吃不上了，为什么不把买灯油的钱拿来买粮食呢？"

老婆婆说："我就是因为太穷了，一向都拿不出东西来供养佛陀。现在想，至少要在自己的余生里供养一次，才来买油的。"

老婆婆回家后，便为佛陀点起灯火。这一夜，风很大，别人的灯火都被吹灭了，唯独老婆婆那盏微弱的灯火却没有熄灭。释迦的弟子们看到这种情况，很是不解，于是就问释迦。释迦解释说："老婆婆的供养虽然很小，但它却包容了全心全意的缘故。"

少恩加己，思欲大报。于己怨者，恒生善心。

的确是这样，心如工画师，能画诸世间。画师全心全意地作画，能够创作出惊世之作。同样地，如果我们能够全心全意地用真心去对待身边的事物，那么我们就能够让世间变得美好。

第九章 随所住处，皆是净土

——星云大师谈禅净

禅，运用到生活上，不但可以提高生活的艺术，扩展胸襟，充实生命，并且可以使人格升华，道德完成，到达"于生死岸头得大自在"的境界。

——星云大师

禅的要义

禅是什么呢？据青原禅师说，禅就是我们的"心"。这个心不是分别意识的心，而是指我们心灵深处的那颗"真心"，这颗真心超越一切有形存在，又呈现于宇宙万物之中。

——星云大师《禅与现代人的生活》

禅即"禅那"，汉译静虑，即于一所缘境系念寂静、正审思虑。禅宗是中国佛教最为显赫的宗派之一，禅学也是一门高深的佛学，更由于后世诸多文人骚客，古圣先贤的参禅悟道而发展为一种人生的哲学。

星云大师说过：禅，有如山泉清流，浑然天成，不假造作，自然而流，不带勉强。假如你有一点禅坐的功夫，盘腿静坐，就能让你的心明净下来，这时候，我们的理想、计划就会明明朗朗、清清净净，就能懂得如何处理，就能明白人生究竟是怎么一回事。

生活里，有了禅就有力量。有了禅，人可以随忍随住;有了禅，死生忧乐不能移;有了禅，就等于拥有了宇宙，大千归宿在怀抱,一切风光现眼前。

有一个比丘很欢喜禅坐，往往一坐就是好几天。有一阵子，比丘打坐时，都会遇到一件怪事，让他心里很苦恼，于是向寺里的老和尚请教。

"老和尚！为什么每当我一入定，眼前就看见一只大蜘蛛爬在我腿上，怎么赶也赶不走它。"老和尚回答："下次入定时，你不妨拿支笔在手里，如果大蜘蛛再出来捣乱，你就在它的肚皮上画个圈，看看是何方妖怪？"

比丘遵照老和尚的指示，准备了一支笔放在一旁。

入定后，大蜘蛛果然又出现了，比丘不慌不忙地拿起笔来，在大蜘蛛的肚皮上画了一个圈圈作为标记。才一停笔，大蜘蛛随即销声匿迹……

出定后，比丘沐浴净身，猛然发现画在大蜘蛛肚皮上的圈圈，竟然在自己的肚子上。这才恍然大悟，原来一直扰乱自己入定的大蜘蛛，不是来自外界，而是自己心思的妄想幻境所现。

比丘禅坐时所面临的境界，也是我们日常接触人或事物所生起的感受、情绪与看法。这是一种执著，一种妄念，是一种主观意识的"有为"行为。

其实，禅就是我们自己，就是我们的心，是人生的放旷，是生活的幽默，是一种直觉，一片定慧；禅不在多言，不在世俗文教经典中，没有你我凡圣的差别，禅就是一种光芒，一片灵犀。

假如不分僧俗，不分出家在家，每个人生活里都能有那么一点禅味，生活就会不一样。所谓"莲花开水面，亭亭出污泥"，禅就像出污泥而不染的莲花，在任何污浊的生活环境里，都能有清净素雅的心田，"悟则三身佛，迷疑万卷经"，有没有禅，差别是很大的。

有一个年轻学僧问性空禅师："什么是祖师西来意？"

性空禅师回答："假如有一个人掉进了千尺深井中，你能不借助任何工具把他救出来，我就告诉你。"

学僧叹道："近日湖南的畅禅师去世了，他也像您这样，讲的话总不合常识。"

性空禅师就叫弟子仰山慧寂把学僧赶了出去。

仰山对老师的话也挺纳闷，后来忍不住问耽源禅师："依你看，怎样才能救出井中人呢？"

耽源禅师反问："痴汉，谁在井中？"

仰山无法回答，可是并不死心。后来，他去向沩山灵佑禅师参学，又谈到这个问题，然后："大师！依您看，怎样才能救出那井中之人？"

灵佑大喝一声："慧寂！"

仰山立刻下意识地应道："在！"

204

灵佑说："从井里出来吧！"

仰山顿然开悟。

祖师西来，渡人出"井"也。性空所说"有人掉进千尺深的井"是指人们迷失了自己，当然只能凭言传身教（而不是什么绳子之类的"东西"）去救人。学僧的慧缘不足以听懂禅师所说的话，竟没想到这世上哪有那千尺深的真井呢？反而认为老师讲的话不合常识，只好当头棒喝来促其醒悟。

禅宗的重要性是不言而喻的，要想把人从意识的深井里解救出来，实在是禅宗莫属。

星云大师说过：心是生死的根本，心也是成佛作祖的力量。心，人人本具，个个不无，随我们五趣流转、六道轮回气天上人间到处来去，上天堂也是这颗心，下地狱也是这颗心。所以，参禅修道，主要就是把我们恶心换成善心，把坏心换成好心，把假心换成真心，把非心换成是心，把染心换成净心，把小心换成大心，把恨心换成爱心，把愚痴心换成智慧心。

一个人如果能够经常性地为自己蒙尘的心灵沐浴和洗涤，这个人的心地就会亮丽如初、圣洁高尚。

禅者的智慧

> 心中有禅味的人，耳中所听闻的都是八万四千的诗偈；
>
> 心中有欢喜的人，眼中所看见的都是赏心悦目的景色；
>
> 心中有道念的人，脸上所展现的都是祥和愉快的笑容；
>
> 心中有佛法的人，身上所感受的都是善人共聚的快乐。
>
> ——星云大师《佛光菜根谭》

星云大师说过：禅不是刻板，不是呆坐，禅更不是墨守成规。禅是活泼，是幽默，是方便，是灵巧；有方便、有灵巧才是禅。过去古代的禅师大德，他们扬眉瞬目、举手投足都是禅，甚至一言一行、一思一想无非中道，一草一木、一沙一石无非禅心。所以只要我们有了禅心，再看世界、看自然、看万象，一切都充满了禅机，充满了妙趣，充满了智慧。

云升禅师和坦山是师兄弟，坦山禅师不正派，是一个不正经的和尚。信徒们都恭敬云升师兄有学问，有道德，有修养；对坦山师弟的不够庄严则摇头叹息，不愿理睬他。有一天，坦山禅师买了很多鱼肉下酒，正在屋里吃吃喝喝的时候，云升从门口经过，坦山一见，赶紧招呼道：

"师兄，来吃一杯酒如何？"

云升禅师一看非常生气，骂道："你啊！真是没出息，现在是什么身份了，还吃酒？我可是严守戒律滴酒不沾的。"

坦山一笑，说道："连酒都不会吃，实在不像个人。"

云升一听，沉下脸责问："身披袈裟，吃酒已属犯戒，你还骂我？"

坦山笑嘻嘻地应道："我什么时候骂你了？"

"你刚刚骂我不像个人。"

"你当然不像个人啊！"

云升忍住怒气，追问："那我像什么？"

坦山放下酒食，坦然说道："你像一尊佛祖啊！"

禅师们总是用出乎意料的一句话，解决很艰难尴尬的局面。禅，是人生的润滑剂，透过游言戏行，能使生活现出一片幽默的风光。

很有名的一休禅师的故事：

信徒问一休禅师：

"师父，什么法号不好取，为什么要叫一休？"

一休禅师说："一休万事休，有什么不好呢！"

信徒一听，颇觉有理："不错！不错！一休万事休，很好！很好！"

一休禅师眨眨眼，摇摇头，说道："一休不好，要二休才好。"

"二休怎么好呢？"

"这个二休嘛！就是生要休，死也要休。生死一起休才能解脱；烦恼要休，涅槃也要休，烦恼涅槃一起休，二休最好。"

信徒一听，又连声叫好："不错！不错！二休比较好。"

一休禅师白眼一翻，又摇头了："二休不好，三休才好呀。"

信徒觉得奇怪，追问说："三休怎么好？"

"你老婆今天跟你吵架，像个母老虎，最好是休妻。"

一休禅师板着脸继续说："做官常常要奉承逢迎，也很辛苦，最好休官。社会上谤议丛生，唇枪舌剑也很累，最好休争。能够休妻、休官、休争，三休岂非最快乐！"

信徒一听，越发大点其头："不错！不错！三休的确好。"

一休禅师脸色一正，大摇其头："四休更好。"

信徒一愣："四休怎么好啊？"

"酒、色、财、气，四样孽障一起休最好！"

望着一休禅师的庄严神色，信徒衷心悦服，顶礼说："四休实在好！实在好！"

一休禅师却又微笑起来，摇摇头："四休不好，最好五休。"

"哪里五休？"

"人生最苦就是为了无底海这张嘴。"

一休禅师张嘴伸舌接着说："要吃饭，要工作，为一口衣食奔波忙碌，所以受种种苦，假如五脏庙一休，不就众苦皆休，通通都没事了吗？"

禅师们讲说佛法，不但契机化导，言语游戏之间，另开方便神通法门，把诸佛菩萨的至理妙道阐发于无形。在禅宗的宝典里，像禅师们这种风趣洒脱的故事实在很多。

禅是无你、无我、无圣、无凡，更没有贵贱的差别。为了悟禅，禅师的持重有很严格、很严厉的方式。

星云大师曾经说过，二祖慧可，为了向达摩初祖请法，苦立至积雪封膝，还不惜自断一臂，以表示为法忘形的决心，这多严厉啊！百丈禅师给他的师父马祖大喝一声，耳朵聋了三天，也领悟了三天狮子吼。俱胝和尚在有人问道的时候，不多言语，只竖一指，侍者也学和尚竖一指向人说法，被俱胝拦指一剪，把虚有表相的指头剪断！指头断了，侍者也开悟了。云门禅师正要出门的时候，右腿已跨出门槛，师父把门用力一关，左腿关在里面，这一夹，腿断了，痛心彻骨之余，他也悟到了里外一如的道理。

老和尚经常带着小和尚到寺院外面的山峰上诵读经文。

有一天，小和尚对老和尚说："时间过得真慢呀。"

老和尚就说："你这样试试上午，你面朝西方坐着读；下午，你面朝东方坐着读。"

小和尚就听了师傅的话，背对着太阳诵读经文，渐渐地，就忽略了时间的快慢。

第二天，他对老和尚说："师父真高明，这一转换方向，我就忘记时间了，整个心思都浸在诗文里了。"

老和尚说："无论干什么事情，只有把时间放在身后，才能做到全神贯注，达到一种忘我的境界。"

禅者处事总是这样简单而又充满智慧的灵光。转过身躯，背对太阳而坐，读经的境界就会完全不一样了。

星云大师说："你的心能任运逍遥，随缘放旷，则'随所住处，皆是净土'。就如天上的太阳、月亮，不管乌云密布也好，或是刮风下雨也好，太阳、月亮都是那么逍遥自在地悠游于虚空之中，这就是随心而住，唯心净土。"

人间净土是通过禅修而得来的"人间仙境"，是一种随身随地的享受。

每天清晨，不等寺院里的晨钟敲响，僧侣们就被老方丈的呼唤声喊醒了。不过，老方丈呼唤的却不是寺院里僧侣们的名字，而是他自己的名字。

多少年了，老方丈总是在晨钟敲响的前10分钟，率先起床，站到寺院附近的山坡上，对着山谷大声呼唤自己的名字。有一个小和尚曾经问过老方丈："您怎么天天呼唤自己呢？这样做有什么玄机吗？"

老方丈笑笑说："我天天晚上在梦中出走，甚至云游四海，腾空万里，根本无法约束自己。醒来后当然要呼唤自己了，把自己及时地唤回来呀。不然的话，就有可能把自己走失了，再也找不到自己了……"

其实，常常走失自己的，岂止老方丈，又岂止是在梦里？

现实生活中，不知有多少人在经意不经意间，就走失了自己，迷失了自我。

星云大师说过：我们的心好比工厂，能够制造各种东西，有清净的，也有污浊的。求道就是要把这颗原来具有真如佛性的心，扫除表面的尘垢，恢复"一点通"的"灵犀"，还给它光明的本来面目。好比拨去浮云的明月，重现灵明。当我们的心清净无染时，就能够像月亮一样，如实地观照事物的实相，这就是惠能大师所说的："何其自性，本自具足……何其自性，能生万法"的真心佛性。

人生与禅境

人间需要"禅"，时代需要"禅"，要想求得生命升华的人，更需要"禅"。只有"禅"，才能医治功利、物质主义的时代病；只有"禅"，才能根除相对、二元世界观的谬见；只有"禅"，才能帮助人类寻得失落的自我，找回失去已久的精神家园。

——星云大师《佛光教科书》

教育家夏丏尊先生见律宗大德弘一大师吃饭只有一道咸菜，不忍心地说："难道你不嫌这咸菜太咸吗？"弘一大师回答说："咸有咸的味道！"过一会，大师食后，手里端着一杯开水，夏先生又皱皱眉头道："茶都没有得吃吗？怎么吃这种清淡的开水？"弘一大师笑一笑说："开水虽淡，但淡也有淡的味道。"

愚者以为幸福在遥远的彼岸，聪明者懂得将周遭的事物培育成幸福。

老方丈分三天派三个小沙弥到某个山洞去采药。第一个小沙弥一走进那个山洞，就被遍地的天然美玉迷住了，他想到美玉是可以雕刻佛像的，就喜出望外地捡了许多回来了，老方丈含笑表扬广他，并嘱咐他暂时不要把拣到美玉的事说出去。

第二个小沙弥一步入那个山洞，也马上发现了那些非常漂亮的美玉，他想到美玉是可以雕刻菩萨的，就非常激动地捡了一大包回来了，老方丈也含笑表扬了他，也嘱咐他暂时不要把拣到美玉的事说出去。

第三个小沙弥来到山洞之后，就开始抱怨前面的两个沙弥："这么多的美五不捡不是有眼无珠吗？若用这样的美玉做成念珠，岂不完美无比？"于是，他抱着沉甸甸的美玉回来了。为了不独占这份"功劳"，他邀请了前面的两个小沙弥一起去见老方丈。可是，老方丈迟迟下不了床，病得很重。三个小沙弥就非常惊恐、非常关心地问方丈这是怎么了，老方丈说："我病了三天了，可是，手握你们为我采来的美玉，一点儿也不起作用，而且越来越重了。"

直到这时，三个小沙弥才意识到他们在美玉面前居然忘记了自己是去干什么的，并通过这件事领悟到了相关的人生哲理。

人生世间，会遭遇很多诱惑，这里面有些可能是陷阱，但更多的却是一些很诱人、也不乏美丽的东西。怎样抵抗诱惑呢？首先要不忘自己的初衷，其次还要有良好的心态。只有保持一颗平常心，心气平和，不迷念，不痴狂，任何时候都不要忘了自己的初衷，才不会发生那种采来美玉、"病死"方丈的事情。

生活中这样的例子会很多，比如，电视节目是诱人的，但过度迷恋电视会耽搁很多本该去做的事情；爱情是美好的，但过度沉迷其中忘了上大学的初衷以致荒废了学业……这时，如果我们像禅师那样保持平和自在的心态，才能适情宜性享受人生，如此也就不大会耽于诱惑去打乱已有的心灵平静了。

明朝的憨山大师常常坐在木桥的桥墩上，听着溪水的声音。

有一天，他坐下以后，顿忘身心，念头一动就听见流水声，不动即不闻，最后众响皆寂，根尘俱泯。

又有一次，他在打坐时，又进入坐忘的境界，直到听到耳边数十声响，才微微觉醒。睁开眼睛一看，竟不知身在何处。

信徒对他说："我离开的时候，师父就闭门打坐，今天已经第五天了。"

憨山大师回答："我感觉只有呼吸一下的时间而已！"

对于憨山大师这样的有人生追求的修行求道之人，禅是一种比佛教清规戒律更为简便易行的保养身心的方法。

憨山大师醉心于打坐调理，常常因为心意静寂而顿失根尘、万籁隐没。其实人的一念岂止坐忘五个昼夜，一念更可以坐断三际妄想，任它刀兵水火、川流不息，我且日日醉卧于野水春风之中。这种无我的境界其实是一种很好地强化自我、保养身心的方法。

无著文喜禅师到五台山金刚窟参学拜访，路上遇到一个童颜鹤发的老禅师，邀请他到自己的寺院里去。于是两人同行。

老翁问道："你从哪个地方来呢？"文喜禅师回答："我从南方来。"

老翁问道："你们那里很繁华吗？有多少人口？"文喜禅师说："大概三百到五百人吧。"老翁露出不以为然的神色。

一会儿,文喜禅师问道："老禅师，你知道五台山金刚寺是怎么住持佛法的吗？"

老翁答道："龙蛇混杂,凡人、圣人都住在一起。"文喜禅师又问道："寺院里面有多少人呢？"

老翁答道："前三三后三三。"

文喜禅师迷惑不解。谈话间，天色已经暗下来。老翁说道："和尚，我到寺院了，你自己走路吧。"

文喜禅师请求道："天色已晚，可否到寺院借宿一晚？"

没有想到，老翁一口回绝，还斥责道："和尚！你还有执著之心，我不会留宿你的。"文喜禅师无可奈何地准备继续赶路，老翁想了一下，说："算了，山路难行，我还是让童子送你一程吧。"于是叫出寺院里的童子相送。

路上，无著禅师纳闷地问童子："我问五台山寺院里有多少和尚，老施主回答'前三三后三三'，这到底是多少呢？"

童子并不回答，只是突然大叫了一声："大德（对和尚的尊称）！"

文喜禅师不自觉地答应了一声。童子问道："是多少？"

文喜禅师回头一看，童子与寺院都无影无踪，只见五色祥云中，文殊乘金毛狮子慢慢前行，忽然之间一片白云从东方来，把菩萨卷走了。

文喜禅师这才知道遇到了文殊菩萨显灵。

文喜禅师向一个有意境和尊严的禅师打听他们禅院有多少人，这个禅师不屑于回答他，因为禅师不是人力，是不可以人数多少论高下的。同样的道理，你如果向一个有学问的学者打听他每月挣多少钱，他也是不屑于回答的。

说到底，禅的意境是一种不可名状的好心情，是不容破坏的。

禅不可说，但是又不可不说。因此在表达不可说的禅悟体验时，一个常用的方法就是用直觉意象加以呈现。老翁回答说凡人、圣人居住在一起，是说无凡无圣，众生平等。凡圣既无区别，何来多少的区分呢？所以随便说一个数字都是一样的。

禅，是超理性、超逻辑的。禅境，只有那些真正见道之人才能领悟其妙处，赞许它用意良深。

参禅的奥妙

> 用舍心广结无量善缘，
> 用净心远离贪染色欲，
> 用禅心安顿顺逆境界，
> 用愿心创造圆满人间。

——星云大师《佛光菜根谭》

星云大师说过：在禅堂里打坐，就是观照自己，照顾脚下。眼睛闭起来，不看人，只管看心。

很多人希望礼请大和尚、大禅师来指导。即使来了，禅心还是他的，不是你的！所谓"解铃还须系铃人"，如何将自己的禅心发掘出来，才是重要。

我们带着什么东西到禅堂？倘若带着妄想、烦恼、杂乱、不清净的念头进入禅堂，是无法体会"禅"的，所谓"净念投于乱心，乱心不得不净"，唯有以清净心，才能在禅堂参出一个究竟来。

有一个小和尚，出家几年了，一直对禅理不得要领。

有一天他去找老方丈求救，老方丈微微一笑说："这样吧，你回去蒙上被单睡一觉，估计就差不多了。"

小和尚听从了方丈的话。

就在刚刚入睡不久，老方丈带着几个身强体壮得和尚来到他的卧室，二话不说，就用他身上得被单把他裹了个严严实实，连鼻子和嘴都缠上了。他从梦中惊醒，不知发生了什么事情，懵懵懂懂地只感觉到憋闷得难受，甚至要窒息了。为了活命，他使出全身得力气，一下就把床单给撑破了。

当他看到老方丈和几个僧侣时，惊讶而困惑地说："不是您让我睡得？怎么又带人来捆我？"

方丈哈哈一笑说："你好厉害嘛，一下子就挣脱了。"

"能不挣脱吗？快憋死我了！"小和尚委屈而痛苦地说。

"是啊！遭受再厉害的束缚，只要拼命的挣扎，也是能够瞬间挣脱的。"老方丈意味深长地说。

小和尚打了个愣，马上就惊喜而又感激地对老方丈说："多谢师父开恩，弟子顿悟了！"

当代一位哲学家说过：人要是感觉到憋闷，就应该拼命挣扎；思想要是感觉到束缚，也要有意识的努力去挣脱，要有足够的勇气和力量去突破由于长期习惯而形成的强大势力。

这种努力可以是抓住若隐若现的灵光进一步去静思，去冥想，也可以是彻底地放下、放松和放开。

怕的是，从小就生长于缺氧的环境而习惯于压抑局促的生活方式毫无憋气的意识，或者就算有所意识也已积习生惰，缺乏改变现状的勇气，所以说小和尚能意识到自己所受的思想束缚也算是很有慧根的了。

而我们常人却是早已习惯于病态的思维和意识而难再有"憋屈"的感觉了。这不能不说是一大悲哀。

佛陀有一位名叫弥醯的弟子，在一次化缘归来的路上，经过一处美丽、舒适的果园。他当下起了一个念头："如果能在这么美丽幽静的地方打坐，对我的禅定功课一定能够有很大的帮助。"于是他就请求佛陀允许他,独自在那一片果园里打坐。

佛陀对这个弟子的情况相当了解。他知道弥醯的心性还不稳定，光凭着一念的喜好，并不会为他的修行带来帮助，因此要他过一段时间再说。

然而弥醯的内心。早已被他的美梦冲昏了头,经过一而再，再而三地恳求佛陀，最后佛陀只好答应了他。

弥醯满心欢喜地前往他理想中的地方，并找到一棵大树下坐了下来。

奇怪的是，他坐了大半天，心中的意念却纷飞不断。他慢慢地意识到，这样的禅修对他来说，果真是一点进展都没有。

到了傍晚。弥醯终于放弃了心中的执著，悄悄回到佛陀及弟子们所安住的精舍，并且向佛陀禀告他在禅坐时，受到的种种烦恼与困扰。

佛陀看到弥趣已有悔意，于是告诫他：凡夫的心容易随着外境的变化而飘忽不定。禅坐修行，还是要找寻适合自己的方法来调伏心念，而不是一味地追逐舒适安稳的环境啊！

弥醯听到了，当下升起了惭愧心，并且用心思维佛陀告诉他的教诲,不久后便证得了初果。

所谓"佛说一切法，为治一切心;若无一切心,何用一切法？"心，是万物之本，一个人如果没有把"心"这个最重要的根本照顾好，纵然外在有多么好的环境，终究还是不圆满。

禅定不同于其他，禅定也不是静态的定，它是动态的，也就是动中有静，静中有动，积极向上，自由驰骋。修禅如牧牛，这是一个非常形象地比喻，只有学会"牧牛"，"牧"出水平，"牧"出成果，才会了解个中真味。

久远前，在浙江普陀山上，有一位勤修苦行的比丘善听，他二六时中都在禅定之中，夜以继日，夜以继日的观照佛法真理，从不懈怠，唯一能让他起身的，就是饥肠辘辘时。等到托钵完，进食后，比丘即刻进入禅定中，继续用功。

有一天，善听比丘感到饥饿，于是出定下山，沿街托钵去。才走到半山腰就看见一位正在打猎的粗汉，比丘心想：佛法广大无边，众生平等无差，托钵不该分贫富贵贱才是。于是，趋前向粗汉行化。此时的粗汉正为采猎不到动物而懊丧，心情郁闷无处可以发泄，善听比丘的出现，正好成为泄愤的对象，手上的弓箭早已经蓄势待发，朝向比丘。

面对粗汉的行为，善听比丘不慌不忙，神色若定地解开衣衫，轻声说："请射我的肚子，好吗？"

"为什么要我射你的肚子？"比丘突如其来的反应，让粗汉如坠雾里。

"我本来可以清净修行，却因为饥饿难耐，不顾危险的向你乞食，才会遭此横祸，所以要你射我的肚子。"善听比丘平静的解释。

这一番话听在粗汉耳里，犹如当头棒喝，他暗忖：我的处境与比丘有什么不同？为了充饥，宁愿冒着生命的危险，与虎豹豺狼搏斗，造下无以计数的罪业。粗汉当下忏悔己行，追随比丘出家修道。

常人因无明造作，容易对世间万象产生贪爱执著：眼贪色、耳贪声、

鼻贪香，舌贪味、身贪触觉、心起分别，因分别妄动而造下是非善恶。

贪心产生执著，有贪执就有偏颇，有偏颇就有谬误。比丘的肚子就好比是一个挡箭牌，挡住了粗汉的执著心。

软肚子当然挡不住硬箭头，正因为此，对方同样软弱的内心就被触动了，他要考虑这支箭到底能不能射出去，既然射不出去，那就要主动回头，那他自己也就幡然悔悟了？

这就是禅宗的另一修行方法：直逼人心，赌其通路；行不去处，自知回头。禅家常用的断喝、棒打，皆有此功用。

在《战国策·赵策》里有一则关于伯乐为马宣传的故事。据载有一个人想把他的骏马卖掉，于是把马牵到市场上叫卖，然而一连三天都乏人问津，没有人知道这是匹好马。最后，这个人实在没有办法，只好求助伯乐。他说道："我打算把这匹马卖掉，可是已经在市场上站了三天，一直卖不出去。想拜托您帮我个忙，请您到市场上围着我的马看一看，临走前再回头看上几眼，我愿意付给您一笔酬劳。"伯乐看了他的马，确实是匹好马，于是就答应了。第二天，伯乐到市场上绕一绕，经过那匹马面前，左瞧右看，走过去又折回来。果然，伯乐刚从市场上离开，这匹马的价格立刻涨了十倍。

由于伯乐是相马的名师，因此大家认为只要他相中的马，一定是好马。事实上，即便那不是一匹好马，只要伯乐在那里转三圈，仍然有人会买。这种事不只在古代，就是现今社会上也有许多盲目跟从的人，既没有自己的主见，也不了解自己的需求，一味跟随附和别人的意见，甚至人云亦云地瞎起哄。

学禅尤其要注意这个问题。禅悟是自己心灵深处的体验，单靠学习别人的心得或者一味向师傅请教都是不会开悟的，正因为此，往往在有学僧向禅师请教"禅是什么"之类的问题时，那师傅不是断喝就是棒打，这说到底是一个他见和自见的问题。师父那样做，是要打消徒弟向外寻求的念头，从而睁开自己的慧眼，拥有自己的体验和见地。

凡事不向外求，向内求；不向他求，向自求；当下即是，什么都不缺少；只要心存在，必定所有具足。

星云大师说过：禅，是一种艺术的生活；禅，更是一种圆融的生命，自然天成的本来面目。如此美妙的禅，不只属于寺院所有，也不仅仅是出家人所独享，应该属于每一个人、每一个家庭。生活里，都需要禅的智慧、自在、率性与逍遥。

禅定与般若

禅坐的秘诀是忘失时空，

念佛的秘诀是心口皆佛，

睡眠的秘诀是无所罣碍，

法喜的秘诀是放下自在。

——星云大师《佛光菜根谭》

般若，梵语的译音，或译为"波若"，意译"智慧"，佛教用以指如实理解一切事物的智慧，为表示有别于一般所指的智慧。

星云大师说："禅定的生活，在行立坐卧之间都要有最完美的表达。行，不疾不徐；立，不亢不卑；坐，不弯不曲；卧，不懒不怠，进而对世间要能看破、放下，洒脱、幽默，那自然能获得禅定三昧了。"

在这种禅定下，智慧的灵光如天上的瀑布奔流不息，一切困惑疑难，自动地开解，自动地推理，而且是非常快速的。

如何进入这种禅定呢？

宋朝大文豪苏东坡,在江北瓜州担任太守期间，经常和镇江金山寺住持，即"水漫金山寺"的佛印禅师往来。苏东坡曾经做了一首诗偈：

稽首天中天,毫光照大千；

八风吹不动，端坐紫金莲。

这位苏大学士对自己的诗偈相当自豪，于是命书童赶快坐船，送去给佛印禅师鉴定。书童遵照指示，乘着船摇摇晃晃地到江南,上了岸，便直抵金山寺呈给佛印禅师。

佛印禅师端详地看了看,一句话也没说，只在纸上写下两个字，又叫书童送回。书童又坐了船，一路摇回江北瓜州。苏东坡见到书童这么快就回来，急急问道："佛印禅师有讲什么话吗？"意思是，禅师可有称赞什么吗？

书童回答："禅师没有讲什么话。"

"啊！真是岂有此理，他没有讲话，你怎么就回来呢？"

书童委屈地说："话是没有讲，但有在纸上写字。"苏东坡一听："赶快拿来看。"

上面写了什么呢？"放屁"两个字。苏东坡一看，火冒三丈。

"这个老和尚，我平常那么尊敬你，不称赞我也就罢了，怎可以骂我放屁？"

所谓"八风"，不是室外吹拂的东风、南风，而是指我们遇到各种因缘，产生的八种境界，即"称、讥、毁、誉、利、衰、苦、乐"。苏东坡认为，自己的修养已经到了八风吹不动的程度，你佛印禅师为什么还骂我"放屁"呐？心里愤愤不平，又命书童叫了船，准备到江南金山寺跟佛印禅师理论一番。

佛印禅师知道苏东坡会来，便站在山门口等待。当他看到苏东坡气呼呼地走上来时，哈哈大笑："学士，学士，您不是'八风吹不动'了吗？怎么一'屁'就打过江了呢？"

禅的境界是超诸文字语言的，知识言说上的"八风吹不动"，如果没有真实的证悟，是经不起考验的。苏东坡虽然才华超群，但是对于"禅"终不免于知解分别的体会，最后仍然输给佛印禅师。

"八风吹不动"，是有定力的表现。就像真正聪明者不会认为自己聪明一样，真正有定力的人是不会以"八风吹不动"自诩的。这本身就反映出一个心态问题。有道是"定则生慧"，苏东坡定力不够，智慧也就受到了限制，没有意识到佛印禅师所书"放屁"二字是对他"八风吹不动"的验证和考验，产生了错误意识，误以为佛印禅师只是在羞辱他，因此也就被"一屁打过江"了。

《圆觉经》云："一切智慧皆由禅定生"。看来一个人口里经常说自己有修养、能明理，是没有用的。所谓"道一丈，不如行一尺"，修学佛法，要真实做到，否则千经万论也只是"数他人宝"，不管用啊！

有一位国王很欢喜鸟类中的大雁，尤其当大雁飞在天上，有时候排成一字，有时候排成人字。

国王命令猎人捕了许多大雁，养在笼子里，每天喂以美味饮食。笼子里的大雁雀跃欢喜，因为在野外天天寻求生活饮食，实在不容易。现在在笼子里，不必飞行找寻，就有美食摆在眼前，岂不令人高兴吗？

雁群中，有一只大雁却忧愁不悦，它不吃任何东西，偶尔只喝一点水。其他大雁笑它不知时势，在这小笼子里，有的吃、有的喝，还烦恼什么呢？

过了一两个星期，那只不吃食物的大雁慢慢消瘦下来，不再像一只大雁。有一次，趁着猎人不注意的时候，瘦小的大雁从笼子的铁缝钻了出去，恢复自由之身，重回天空快乐翱翔。其他的大雁因为饱食终日，被猎人养得肥肥胖胖，不要说在铁笼子里飞不出去，就是铁笼子打开，它们也飞不动了。

食物因为自由飞翔而来得甘甜，般若因为禅定自在而无比快乐；如果贪恋于般若智慧的所见所得而产生执著心，就会失去禅定的功力，无上的般若也就随之丧失了。所以说，虽然禅定生般若，但对般若要保持平常心，若有若无，可有可无……只有守"无"，才有般若；一旦执著，真正的般若也就不复存在了。这就是禅定和般若的微妙关系，不能因为贪念般若而蹉跎了禅定的功夫。

唐朝的韩愈先生，有着"文起八代之衰"的美誉，看到当时佛教鼎盛，儒学衰微，便以儒家道统自居，自比为孟子拒墨而排斥佛教。

那时，唐宪宗崇信佛法，准备迎接佛骨舍利入宫廷殿内供养。有一天，殿中夜放光明，早朝时，群臣都向皇帝祝贺吉星高照、国泰民安，只有韩愈不贺，并上陈《谏迎佛骨表》，斥佛为夷狄。韩愈之举，触怒了对佛教虔诚信仰的皇帝，于是把他贬到潮州当刺史。为此。韩愈还写了一句诗："一封朝奏九重天，夕贬潮阳路八千"。

当时潮州地处南地边疆，韩愈到了这么一个文化未开的地方，心情自然苦闷不已。他耳闻有一位大颠禅师道行超迈。深为大众所推崇，虽然自己不喜欢佛教，也只有忍耐着性子前去拜访大颠禅师谈学论道。

到了灵山禅院，大颠禅师正入定禅坐，根本不理会韩愈的来访。韩愈也不好上前问话，因此苦苦等候。一个下午过去了，韩愈越来越觉得烦躁不安，不断地四处徘徊。侍者看出他的不耐烦，心生不忍，于是上前用引磬在禅师的耳边敲了三下，轻声对禅师道："先以定动，后以智拔。"

　　侍者的意思是说，你禅师的禅定已打动了韩愈傲慢的心，现在你应该用智慧来拔除他的执著了，韩愈在旁边听了侍者的话后，立刻行礼告退，他说："幸于侍者口边得个消息！"

　　学佛修道都要有个入处，韩愈从大颠和尚的侍者得了一个入处，但是还没等跨进门去，就让耐不住性子的侍者给惊跑了。应该说，大颠禅师的禅定功夫还是不错的，无奈侍者的般若智慧还是有限，自作聪明地说了那么一句话，以至于大颠和尚大半天的功夫都白做了。看来禅定是否到位，跟人的般若智慧也是有关联的，定能生慧，慧能生定，而这是相辅相成的。

　　星云大师在《星云法语·心的修行》说："我们每天必须面对复杂的人事问题，以及各种境界的考验，内心如果没有自主的定力，容易心随境迁，不能明审是非。心有定境，才能观照问题，妥善处理。"《六祖坛经》亦云："定是慧体，慧是定用。"唯有培养心中的禅定，在动荡的人世间，才能生出以不变应万变的般若智慧。

无我的状态

> 无心是极乐，无我成好事，
> 无住严熟土，无生功德生。

——星云大师《佛光菜根谭》

　　星云大师认为，世间万物本无自性，皆为因缘所合而成，此乃"诸法无我"之本义。人处流变急遽的现世，对"无我"之义当更有切肤之体悟。

回顾人类原始社会，刀耕火耨时代，自我的力量几乎成了世界的全部。而今处工业社会及科技社会时代，个人的作用已溶入大众的集体行动中。"我"被诸多外象所汲纳，自我只有在与周遭世象的融合中才能找到正确的位置。所以社会强调更多的整体的融合，集体的力量。而"我"在现世社会的作用却被削减了，甚至消失了。

在这种时候，如果不能正确认识"我"在现实世界中的地位与作用，无限夸大自己能量的冒进作法或无视自己能力的悲观避世行为都将会使自己迷失人生的方向，感受痛苦的煎熬，造下流转的恶业。

在《金刚经》中曾记载了这样一个故事：

佛陀对他的大弟子须菩提说："我昔为歌利王割截身体，我于尔时，无我相、无人相、无众生相、无寿者相。何以故？我于往昔节节肢解时，若有我相、人相、众生相、寿者相，应生嗔恨。"

"歌利王"的意思就是斗诤王、恶生王、恶世王、恶世无道王。释迦牟尼告诉须菩提的故事，在《大涅槃经》、《毗婆沙论》里面均有记载，大致情形如下：

很久很久以前，释迦牟尼在一个偏僻的山洞里面坐禅。有一个叫做"歌利王"的暴君带着一群宫娥彩女来到山中游玩，国王游倦了就睡觉了。那一群年轻的女人就四散玩乐采花，发现了山洞里面的坐禅人。释迦牟尼当时修菩萨道，为了断除她们的贪欲，为她们说法。

国王醒来之后，到处寻找身边那些美女。最后来到山洞，看到她们都在围着一个年轻男人，不禁大怒，举起手中的宝剑说："你用什么幻术，

223

引诱我的女人？"

释迦牟尼说："我严守清净戒律，早就没有污染的心了。"

国王说："你得阿罗汉果了吗？"

他回答："没有。"

国王又问："你得斯陀含果了吗？"

他回答："没有。"

国王说："你现在这样年轻，既然没有正果，就一定有贪欲，为何看我的女人？"

224

他回答说："我虽然还有一些欲望的缺点，但是我内心已经没有色心。"

国王说："仙人炼气，不食人间烟火，见女色尚且还有贪恋，何况你正年轻？"

他回答："见色不贪，不因为服气食果，是因为心里常常想着人生无常和身体不净的缘故。"

国王说："你轻慢诽谤仙人，说什么持戒呢？"

他回答："有嫉妒才会诽谤，没有嫉妒哪来的诽谤？"

国王问："什么叫做戒？"

他说："忍辱为戒。"

国王就用剑砍断他的手、足、耳、鼻，问："能忍吗？"

他回答："假使大王把我残剩身体分割如微尘，我最后仍旧能忍，不起恨心。"

大家争相劝阻，可国王愤怒失去理智，拿剑乱砍。天上的护法四大天王大怒，金刚砂像暴雨一样落下。国王见状非常恐怖，赶快跪下来，长久地向释迦牟尼忏悔谢罪。

释迦牟尼说："如果我心中真的没有一丝恨意，就让我的身体恢复如故！"话一说完，身体即恢复如故。他又发愿说："我于来世先度大王！"后来释迦牟尼成佛，去鹿野苑度五比丘，第一位就是陈如，它的前身就是这位歌利王。

从这个故事来看，世人最大的贪欲，即是执著此身实有。歌利王可以说是一个爱火烧身的人，一看自己的妃子围着另外一个男人，不禁妒火炽盛，以小人之心度君子之腹，将释迦牟尼节节肢解。

那么，当时释迦牟尼为何能够忍受这种痛苦呢？也许有人会说，或许是释迦牟尼有大神通，否则一般人怎么能够忍受？但是，若释迦牟尼有大神通，大可以让歌利王砍不着，或者突然消失。所以，解脱的事情与神通没有关系，这里不是神通能够解释的问题。

释迦牟尼当时修菩萨道，他的肉体仍然是凡体，与我们的身体没有两样。他之所以能够忍受歌利王割截身体，是因为他发大菩提心，从而生起了"无我"的力量。一旦拥有了"无我"的力量，他的私欲也就什么也没有了，普度众生的愿望也就生起来了。所以在这个时候，他就真心发愿去度面前最恶的人。正因为拥有了"无我"的力量，所以本来是被割截的身体，也能够恢复如故。

要想做到"无我"的境界，首先要从"舍"字做起，所谓"舍得舍得，不舍不得"就说明了这个道理。首先要舍得身外之物，钱财都是身外之物，生不带来，死不带去，于此身外之物若不能舍，则只能做个守财奴，其结果是"万般带不去，唯有业随身"。"舍得"两字全在于你的内心，不一定要是大款才能做大功德。若此心真正能舍，则所得功德也无量无边。

《阿阇世王受决经》讲了一个故事：

阿阇世王拿出百斛麻油，从宫门到祇园精舍，到处都点上灯。

当时有一位贫穷的老妇人，看见国王做好事，心里非常感伤。就拿身边仅剩的两钱去买油，用以点灯。二钱只能得二合油，卖油人很受感动，赞赏她的至诚，就赠送给她三合。估计这些油还点不到半夜，老妇人就暗暗发誓说："如果我后世得道如佛，但愿这盏灯通宵不灭！"

这天晚上，国王点的灯，或明或暗，种种不同，唯独老妇人的灯，通宵达旦，光明如昼。第二天早晨，目连用袈裟扇这盏灯，灯光反而更加明亮。佛告诉目连："这盏灯不是你的威神力量所能熄灭的，这位老妇人已经在前世供养一百八十亿佛，再过三十劫就会成佛，号'须弥灯光如来'，只因为前世没有布施，所以今世贫穷。"

这个故事告诉我们，只有真心能舍，才会有大得。老妇人把身边仅剩的钱都用来买了香油供佛，这就是真心能舍的表现。

所谓"修慧不修福，罗汉应供薄"，意思只修智慧不修福德，即使成了阿罗汉也会饿肚子。要修福德，就要舍得，那么布施的善行，就实在不能停止了。

不仅身外之物要能够舍，还要做到身内之物也能舍。头目脑髓，五脏六腑等等都能舍给众生。现在的器官捐献就是这样了，治疗白血病需要骨髓移植也是这种舍。但是这种舍与佛的境界比起来还差得很远，因为器官移植往往在死后捐献，捐献骨髓也不会影响人的生命，而最高的境界的"舍"就是自己身上的一切，随时随地都可以捐献给众生，宁可自己死了，也要让众生活。

如释迦牟尼前世修行"舍身饲虎"就是这样。老虎快要饿死了，释迦牟尼可以把自己的身体施舍给他，以此挽救老虎的生命。正因为释迦牟尼如此能舍，所以他就达到了"无我"的境界，成佛就是自然的事情。

再如杭州径山院僧人鉴宗，是湖州长城人，俗家姓钱氏，是礼部侍郎钱徽的孙子。鉴宗的父亲钱晟生病时，鉴宗割股肉给父亲吃，他怕父亲不吃，就对父亲说这是牲畜的肉。父亲吃后，不久病就好了，鉴宗的孝誉闻于乡里。鉴宗以后也成为高僧而得解脱。

对于舍得，真心能舍的人是不求得的。不管是施舍身外之物，还是身内之物，都不要有所执著，不要企图获得回报，正如《金刚般若波罗蜜经》说："于法应无所住行于布施。"这就叫做无相布施，只有无相布施才能使人达到"无我"的境界。因为世人行施舍，心希果报，就是着相，一着相，其难以得到"无我"的境界，下辈子就只能享受所施舍的短暂福报，不能得到最终解脱。

菩萨行施，要能不住于相，做到"三轮体空"。第一，施空，指能施之人体达我身本空，既知无实在的能施之我，布施时便无希求福报之心；第二，受空，指既体达本无能施之人，故对受者不起慢心；第三，施物空，指了达资财珍宝一切所施物品本来皆空，对所施物品不起贪惜心。不执著能施、所施及施物三轮，透悟三轮体空的布施行，最为清净，必然走向涅槃的大解脱境界。

普通人因为执著于自己，无不爱惜自己的身体，为了滋补自己的身体可以去杀尽一切水陆众生以满足自己的口腹之欲。因此，若有别人残害自己的身体，都对其会切齿痛恨。然而，释迦牟尼在往昔被歌利王割截身体时，不但没有痛恨之意，反而发愿今后成佛第一个就要度这个残害自己的人。这是什么力量使然呢？这就是"无我"的力量。因为一旦达到了"无我"的境界，则肉体的我已经成为假象，而永恒不变的"真我"就出现了。一旦"真我"出现，菩提心也就来了。

民族英雄郑成功在守卫台湾时，遇到一个从广东来的高僧，袒臂端坐。用利剑去刺他，如刺铁石。论兵法也娓娓而谈。郑成功正在招募豪杰，就很敬重他。后来他渐渐骄傲，态度傲慢，郑成功无法忍受，又怀疑他是间谍，想要杀他，但是又怕杀不死他。

当时有一员大将叫做刘国轩，对郑成功说："一定要除掉他的话，我有办法。"他于是邀请僧人，盛情款待他，忽然说："大师固然是佛位中人，但不知遇摩登伽女，还会收纳吗？"僧人说："我心空旷，心似泥土，何能动心？"刘将军说："不过我还是想看看真实的情况，才肯相信。"

于是就精选善于行淫的美色十多人，安排大床，让她们侍候僧人。这些美女个个都是风情万种，柔情蜜意，尽天下美色妖惑之能事。僧人开始时与她们谈笑自如，似无所见。时间一久，忽然闭目不视。刘即拔剑一挥，僧人头即落下。

郑成功问其缘故，刘将军回答："他能够刀砍不入，是他练功的定力所形成的。他心定则气聚，心动则气散。开始时，因为他不动心，所以敢张目见色，后来闭目不视，我知道他已经动心了，只是极力在控制，所以我剑一挥，他即人头落地。"

这个小故事实际告诉我们，只有真正做到"无我"了，才能真正遇何境界都不动心。这个僧人既然渐渐骄傲，说明他的执著和分别心就来了。真正"无我"的人，永远不会骄傲，永远都会把自己视为地上的泥土一样。

"无我"是乘载芸芸众生通向解脱彼岸的航船。只要真正理解和做到"无我"了，离涅槃境界的日子也就不远了。所以，我们应该知道，百万富翁不是世界上最富有的人，只有"无我"的人才是世界上最富有的人。

第十章 愚者与人斗气，慧者与人斗智

——星云大师谈智慧

　　人生要拥有什么最好呢？毋庸置疑，就是智慧。人类文明之所以一日千里，不是金钱造就的，而是众人智慧的结晶。

——星云大师

智慧的人生最美丽

> 以智慧灯来点亮心光，
>
> 以自性佛来成就内心，
>
> 以六度法来治疗心病，
>
> 以七圣财来丰富内财。

——星云大师《佛光菜根谭》

智慧，"智"者从"知"，汲取知识是智慧的开始。然知识是用学的，智慧是用悟的；能"日进新知"，并将知识活用于生活，融入于生命，这才是真智慧。

世间最可怕的是无明；开显心中的智慧才是断苦之本。

大千世界，美丽的事物很多，人们对美的认识也各不相同。一个人不因美丽而聪慧，却因聪慧而美丽。的确，有智慧的人最美丽。

《史记晏子列传》里写道：

晏子有一个车夫，这个车夫很有意思，他觉得自己给齐国的宰相驾车，这多么风光啊。

这个车夫人长得特别帅，身长8尺，个子高高的，相貌堂堂。而齐国的宰相晏婴，是一个五短身材，其貌不扬，看起来还有点儿猥琐的人。这个车夫就觉得，自己驾着高头大马，每天坐在前面，在外面风风光光，而晏子坐在后面车棚里面，远没有自己风光。

晏子的车夫驾车驶过自家门前时，车夫的妻子在门缝里偷偷地看，她看到了一个骄傲自满、洋洋得意的车夫和一个满脸卑谦、低头沉思的士大夫。当车夫出差回来，还没跨进家门，就被妻子劈头一顿臭骂。当妻子最后提出跟他离婚时，车夫愣了半天，才向妻子讨说法。

车夫的妻子说，你看人家晏子，那么有学问那么有才干的一个士大夫，尚且如此谦和，满脸的愁思，坐在车上一刻不停地想着国家大事；再看看你，小小一个马车夫就不得了了，抢着个鞭子耀武扬威的，都不知道自己是谁了；我真叫命苦，怎么当初就瞎了眼，嫁了你这样一个蠢货，将来你能有什么出息呢？我这一辈子还有啥指望呢？

后来，这个故事传出来以后，晏婴跟这个车夫说，你有这样一个夫人，就冲你这个夫人我就应该给你一个更好的职位，反而提拔了这个车夫。

在车夫的妻子眼里，有智慧的晏子是美的，而自己的美男子丈夫在她眼里却是丑陋的。智慧就像是无形的化妆品，无论是谁拥有了它，美丽的光环便随之而至。不论你的相貌如何的平庸，在"智慧"这奇特香水的打造下，你都会浑身散发着美的气息，在人们心中塑造出一个美的形象。

智慧就是财富，一个人的劳力有限，真正的能源在于内心的智慧；能够开发内心的能源，人生才会活得充实、快乐。

智慧是先天的禀赋及后天的努力，两者相较，后天的努力远较先天的力量大。老子说："大直若屈，大巧若拙。"真正有智慧的人，必懂韬光养晦，必懂内敛含蓄，所谓"大智若愚"是也。

一次，晏子出使到楚国去，楚国国王知道晏子的个子很矮，就想捉弄他。楚王命人在城墙的大门旁边又开了个小门，请晏子从小门进去。

晏子知道楚王要戏弄他，严词加以拒绝。他说："到了狗国，才走狗洞，我现在是出使楚国，不应该走狗门。"

招待晏子的官员听他这么一说，只好请子从大门进去。晏子进去以后，就拜见楚王。楚王故意问："是因为齐国再没有别人，才派你来的吗？"

晏子回答说："齐国的人多极了，仅都城就有上百条街道，人们把衣袖举起来，就可以遮住太阳；人们甩掉汗水就像下雨一样。大街上人们肩靠肩，很拥挤，怎么说齐国没人呢？"

楚王接着问："既然如此，那么为什么派你出访呢？"

晏子不慌不忙地回答："我们齐国派使节出访很有讲究，对那些精明能干的人，就派遣他们出使那些道德高尚的国家；对那些愚蠢无能的使臣，就派他们出使那些不成器的国家。我是使臣中最愚蠢、最无能的人，所以就派我出使楚国来了。"晏子的话使本打算要戏弄他的楚国君臣们面面相觑，半天说不出话来。

在这次出访之后，晏子又有一次出使楚国。楚王听说晏子要来，就向他的大臣们说："晏子是齐国最有才能，最善于辩论的人。现在他又要到我们楚国来，我想羞辱他一下，你们有什么好主意吗？"

有一个官员建议说："等晏子来的时候，我叫两个士兵绑一个人，从大王面前走过，大王就问："绑的是什么人？"士兵就回答说："齐国人。"大王再问："为什么要绑他？"士兵就说："因为他偷了东西。"楚王觉得这是一个羞辱晏子的好主意，就按此布置妥当。

晏子来到楚国，楚王设宴招待他。正在饮酒的时候，两名士兵绑着一个人来见楚王。楚王问道："你们绑的是什么人，为什么绑他？"

士兵回答说："是齐国人，因为他偷了东西。"

楚王故意看着晏子说："齐国人天生都很会做贼吗？"

晏子从席上站起来，一本正经地说："我听说，有一种植物，长在齐国就可以结出很好吃的果实，长在楚国，尽管它的枝叶看起来与长在齐国一样，但结出的果子却很难吃。之所以会这样，是水土不同的缘故。现在，这个人在齐国时不偷盗，到了楚国就学会了偷盗，是不是楚国的水土会使人变得善于偷盗啊？"

楚王听了晏子一番反驳，苦笑着承认说："我本来是想取笑你的，反而被你取笑了，我真佩服你。"

晏子，虽然他并没有出众的外貌，但却能用他独有的智慧保护了自己和国家的尊严，受到一代又一代人的传颂，谁又能说他不美呢？评价一个人美与丑，最重要的并非外在的容貌，若是一个人仅有光鲜亮丽的躯壳，却没有任何内涵，这样的人还算是美吗？

有智慧的人，凡事往大处着眼，并能识大体，不会为了私事而和人计较，自然能够受人尊敬。汉高祖刘邦不计较韩信的逃亡，还筑坛公开封韩信为将；刘邦也不计较陈平贪收黄金，教他去办事时，反而一掷万金给他。春秋齐国的管仲，曾是齐桓公的敌人，反用为上卿；唐时的魏征，也是唐太宗的敌人，后成为最敬爱的谏臣。有智慧的人都能不念旧恶宿怨，才能化阻力为助力来成就大事业。

周宣王爱好斗鸡，纪渻子是一个有名的斗鸡专家，被命去负责饲养斗鸡。10天后，宣王催问道："训练成了吗？"纪渻子说："还不行，它一看见别的鸡，或听到别的鸡叫，就跃跃欲试。"

又过了10天，宣王问训练好了没有，纪渻子说："还不行，心神还相当活跃，火气还没有消退。"

再过了10天，宣王又说道："怎么样？难道还没训练好吗？"纪渻子说："现在差不多了，骄气没有了，心神也安定了，虽然别的鸡叫，它也好像没有听到似的，毫无所应，不论遇见什么突然的情况它都不动、不惊，看起来真像木鸡一样。这样的斗鸡，才算训练到家了，别的斗鸡一看见它，准会转身就逃，斗也不敢斗。"

宣王于是去看鸡的情况，果然呆若木鸡，不为外面光亮声音所动，可是它的精神凝聚在内，别的鸡都不敢和它应战，还没有交手就都掉头逃走了。

纪渻子在训练斗鸡的时候，不是让鸡每天增加一点技巧，而是让它每天减少一些心理负担。这正像老子所描述过的修道过程"为学日益，为道日损。损之又损，以至于无为"。也就是说，通常的学习，总是要逐步增加一些知识技艺，而修道则相反，要每天努力消除一些东西。人们不断地消除种种私欲杂念，也就不断地接近理想的精神境界。大智慧表现出来的也许是愚钝、高度的技巧看起来却有些笨拙、真正的勇敢往往被误解为胆怯。

纪渻子训练斗鸡，说明人不能逞匹夫之勇，没有大智、大仁、大勇，不足"言智"也。

有智慧的人，愈是困窘的时候，愈能通达沉着；唯有在冷静的思考中才能沉着应对世间的一切苦难。

有个年轻人家里很穷，他只好在有钱的人家做苦工，每天挑水、担柴、整理庭园，任劳任怨。主人却一点儿都不爱惜他，一有空闲就要他做种种粗重的工作，甚至还要求他早起晚睡，不能偷懒。

旁人看不过去，跟这个年轻人说："哎呀，你跟了这个主人真是冤枉，不体恤你便罢，还让你每天累得跟牛一样，真是划不来。"

年轻人摇摇头说："不会啊！我很快乐。白天虽然主人叫我做很多的工作，但是到了晚上，睡梦中，我都梦到自己是一位国王，好威风啊！可以使唤御使给我倒茶、端饭，实在享受，实在快乐。所以一点儿都不觉得人生很苦哪！"

《华严经》中记载："心如工画师，能画诸世间；五阴悉从生，一切唯心造。"我们的心就像画家，能彩绘世间种种万象；心更像工厂，无物不造，如果你给它欢喜的材料，就能制造出欢喜的产品，你给它慈悲的材料，就能制造出慈悲的产品。智者善于用心，愚人为境所控，世间苦乐便由此而生！

悟透这一点，你就会明白：与其花费心思和时间自怨自艾，不如多给自己的心灵工厂加上一些善美、道德、明理、人情味、惭愧心的材料，这样还怕自己不能拥有通达智慧的人生吗？

星云大师在《星云日记》一书中告诫出家弟子："师兄弟间要彼此交流、沟通、相知、识大体、共患难，不要制造一些无谓的问题来自我困扰，要体验共处的因缘可贵。一个出家人没有资格苦恼、没有资格不悦、没有资格情绪、没有资格烦恼、没有资格流泪！心中只有众生，只有常住，其他的就微不足道了。大家应该能团结，因为集体的力量可以成就愿望，每一个人都应该懂得融入大众以壮大自己的力量。"

 智慧可以洞察秋毫

禅定可以身心安住，
智慧可以洞察秋毫。

——星云大师《佛光菜根谭》

生活之美好，在于人与人之间的和谐相处，人生的充实，总是离不开结交一些知心朋友。但是，结交什么样的朋友，却是值得认真思考和慎重选择的事情。先贤有云："居必择邻，交必良友"，"匹夫不可以不慎取友"。这些告诫可谓是经验之谈，是至理名言。

因为"人与善人居，如入芝兰之室，久而不闻其香；与不善人居，如入鲍鱼之肆，久而不闻其臭"。生活实践提示我们，交友务必要交良友，这就一定要慎重地考察结交对象的道德品行，行为不端、品德不正的人，绝不可与其交朋友。孔子曰："友直、友谅、友多闻。"此之谓"益者三友"也，直，指的是正直、坦荡；谅，意思是诚实、守信；多闻，说的是见多识广、博学多才。

有这样一则寓言：

一只抱了满怀果子准备回家的猴子，看见路上还有一颗剩下的果子，便不假思考地弯腰去捡，不料路上的果子没有捡到，怀里的果子却掉了一地，这个结果当然让猴子觉得十分的沮丧。

猴子的选择对我们选择朋友也有启示，哪些是我们应该择之为友的人，哪些又不是呢？人生在世，不可能过着离群索居又没有朋友的日子，每个人都需要朋友。而朋友之种类，有泛泛的点头之交，也有全仁全义的生死之交，更有以买卖方式而做朋友打交道的。

其实，朋友可以简单地概括为益友与损友。梦窗国师曾说："知足第一富，健康第一贵，善友第一亲，涅槃第一乐。"有善友者，人生足矣。

《史记》中有个故事：

廉颇是战国时代赵国的良将，功绩甚伟，被封为上卿，富贵冠极一时，所以养了很多门客谋士来助长自己的声望。

后来秦赵交兵，赵王误中反间计，以为廉颇无能，就用赵括接替廉颇的职位。由于廉颇失去权势，其门客纷纷求去，改投其他权贵之门。及至赵括失败战死……赵王再次启用廉颇为将，大获全胜，封官为信平君。他的权势较往日更高更大，以前求去的门客，立即回来投靠他，廉颇已看尽富贵炎凉状态，十分气愤门客的作为，想逐退所有的门客，其中却有人说道：“夫天下以市道交，君有势，我则从君，君无势则去。此固其理也，有何怨乎？”

　　实在是一语道破世人势利的心态。又，战国四公子之一的孟尝君，也由于权位的起落，识尽门客的本来面目。一朝恢复权势，想以唾沫来羞辱那些势利的门客，幸冯谖在旁劝解而作罢，冯谖言：“富贵多士，贫贱寡友，事之固然。”

　　“人争求荣，就其求之时，已极人间之辱；人争恃宠，就其恃之时，已极人间之贱。”

　　一个人要想多得到真挚的友谊，除了对朋友真诚相待外，还要能够容忍对方的缺点，要注意自己怎样做人，莫辜负朋友的知己之情。

　　有一则阿拉伯的传说：两个朋友在沙漠中旅行，旅途中他们为了一件小事争吵起来，其中一个还打了另一记耳光。

　　被打的人觉得深受屈辱，一个人走到帐篷外，一言不语地在沙子上写下：“今天我的好朋友打了我一巴掌。”

　　他们继续往前走，一直走到一片绿洲，停下来饮水和洗澡。在河边，那个被打了一巴掌的人差点被淹死，幸好被朋友救起来了。

　　被救起之后，他拿了一把小剑在石头上刻下了：“今天我的好朋友救了我一命。”他的朋友好奇地问道：“为什么我打了你后，你要写在沙子上，而现在要刻在石头上呢？”

他笑着回答说："当被一个朋友伤害时，要写在易忘的地方，风会负责抹去它；相反，如果被帮助，我们要把它刻在心里的深处，那里任何风都不能磨灭它。"

真正的朋友的伤害也许是无心的，帮助却是真心的，忘记那些无心的伤害，铭记那些对你的真心帮助，你将会发现这世上真心的朋友不断多起来。

有两个朋友患难与共，形同亲兄弟。上帝不相信人间还有真正的友谊，于是就设计考验他们。

有一天，这两位朋友在大沙漠中迷失了方向，面临死亡。这时，上帝出现了："我的孩子，前面一棵树上有两个苹果，吃下大的那个，就能抗拒死亡，走出沙漠，小的那个，只能令你苟延残喘，最终还会极痛苦的死去。"

两个朋友向前走了一段路，果然发现了一棵树，也发现了树上的两个苹果。可是，他们谁也不会碰那个会给一个人带来生命之光的果子。

夜深了，两个好朋友深情的凝望着对方，他们都相信，这是他们的最后一晚。

当太阳从沙漠的一端再次升起的时候，其中一个朋友醒了过来，他发现，另一位朋友不在了，而树上只剩下一个干干巴巴的小苹果。他失望了，不是因为死亡，而是因为朋友的背叛。他悲愤地吃下这个苹果，继续向前方走去。大约走了半个多小时，他看见了倒在地下的朋友，朋友已经停止呼吸了，可是他的手上紧紧握着一个更小的苹果。

患难之交犹如春风冬阳，善友像大地一样，给予我们成长，成就我们求道的因缘。朋友之间贵在互相见谅，"善人者，人亦善之"，对于朋友的优点，不能忌而不学；对朋友的缺点，不能视而不见；对朋友的忠告，不能听而不闻；就是一些过激的言语，或者偏颇的看法，只要是对自己的善言，也不能怒而反讥。

在日常生活中，就算最要好的朋友也许也会有摩擦，我们也许会因这些摩擦而分开。但每当夜阑人静时，我们望向星空，总会看到过去的美好回忆。不知为何，这些琐碎的回忆，却为寂寞的心灵带来无限的震撼。

🪷 用智慧沟通你我

用智慧确定方向，方向必到；

用意志克服困难，困难必解。

——星云大师《佛光菜根谭》

"语言，要像阳光、花朵、净水。"这句话可谓意味深长。俗话说："良言一句三冬暖，恶语伤人六月寒。"语言是传达感情、沟通交流的工具，但是如果运用不当，虽是出自无心，也会成为伤人的利器。

人是很不明理的，常常为了一点儿芝麻小事，而背负了很长时间的误会。

语言是沟通感情、传达思想的工具，但不得体的言语或过多的音声，常是是非烦恼的因由，故佛门常教我们要"少说一句话，多念一声佛"。

还有维摩居士的"一默一声雷"都是很发人深省的棒喝。

晋武帝司马炎刚登上皇位的时候，一天，他占卜得了个"一"字。按当时的迷信说法，帝王传代的多少要看得到数目字的多少，中国向来以三、六、九为吉祥数字，占卜得了个一字，晋武帝心里当然有点闷闷不乐，连群臣也大惊失色。

这时，侍中裴楷就上前进言道："微臣听说'天'得到一就清明，'地'得到一就安宁，'神'得到一就灵妙，'谷'得到一就充盈，'万物'得到一就化生，'君侯帝王'得到一天下就能统一，人民都忠贞于他。"短短的一席话，说得晋武帝转忧为喜，群臣也对裴楷的善对由衷叹服。

可见任何一件事，都没有绝对的，说得好，即能转忧为喜，转悲为乐。

苏格拉底非常善于演说，以教人如何讲话为职。有一位青年前来请他教导演说，并说明演说如何重要云云。苏格拉底等他说了半天以后，向他索取两倍的学费，青年问为什么？

苏格拉底说："因为我除了要教你讲话以外，还要教你如何不讲话。"

俗语说："一言折尽平生福"，谨言实在是修身要件。

王阳明有一次跟学生出游，路旁有两个人在吵架，一个骂道："你没有天理！"一个反驳道："你没有良心！"

王阳明就对身旁的学生说："你们听，他们在讲道。"

学生说："老师，他们是在吵架。"

与人相处，"讲话"是一种很切实际的修行，语言的赞美是一种布施。是非止于智者，王阳明要求自己把骂人理解成在讲道，这样事情就不会因讲者、听者、第三者无心地搬弄而恶性循环。

人与人相处，不要逞一时口舌之快，而破坏掉这份难得的因缘。用语言、气势侵犯别人，就如同给人一刀，人们常把那些不会讲话的人叫做"乌鸦嘴"，常把那些爱争斗的人叫做"斗鸡"。这种称呼本身就表明人们对这类人的不宽恕，所以我们讲话要做"喜鹊报喜"，待人要做"微笑弥勒"。

"言语之于我们，乃在使我们互相做悦耳之辞。"同样的汉语，为什么不加点儿润滑？不仅听起来舒服，也充分体现了中国文字之美。

在南朝时，齐高帝曾与当时的书法家王僧虔一起研习书法。有一次，高帝突然问王僧虔说："你和我谁的字更好？"

这问题比较难回答，说高帝的字比自己的好，是违心之言；说高帝的字不如自己，又会使高帝的面子搁不住，弄不好还会将君臣之间的关系弄得很糟糕。

王僧虔的回答很巧妙："我的字臣中最好，您的字君中最好。"

皇帝就那么几个，而臣子却不计其数，王僧虔的言外之意是很清楚的。

高帝领悟了其中的言外之意，哈哈一笑，也就作罢，不再提这事了。

相处之道在于彼此快乐，在许多场合，有一些话不好直说不能直说也无法明说，于是，旁敲侧击绕道纡回，就成为人们所采用的方法。

东汉刘演、刘秀两兄弟，在家乡日夜练兵，准备打倒王莽的新朝时，左右邻居就说道:"刘演太糊涂了,如果这样闹下去,将来我们这些乡亲的命都要不保了。"说着大家都躲起来,生怕会被牵连。后来邻居们看到刘秀也脱下农装穿上军服,准备出征,又说道:"连谦和敦厚的刘秀都参加他们,大概不会错。"大家才放下心来。

要静下来聆听对方的声音,是"沟通"的秘方。多听听各方的意见,是做出正确判断的前提。

同样,经营感情也许需要这样的艺术。夫妻间,难免会有出现矛盾的时候,应该怎样沟通呢?

星云大师送给做丈夫的四句话:

1. 身边少带钱;

2. 晚饭要回家;

3. 应酬成双对;

4. 幽默加慰言。

星云大师对这四句话的解释是:

做丈夫的身边不要带太多金钱;因为钱多了,有时候很容易引诱我们做一些罪恶的事。再者,做个好丈夫,要回家吃晚饭,因为好丈夫不能光是忙事业、忙交际,家庭也很重要。如果有应酬,要与太太一起参加,夫妻应该经常同进同出、出双人对。平日要幽默加慰言,好丈夫是一家之主,平常要有幽默感,不要每天板着冷冰冰的面孔,有时候应该轻松一点,开个玩笑,对于为家事忙碌辛苦的太太、儿女,要多给他们几句安慰、感谢的话,如此,家中必能时时洋溢着幸福温馨的气氛。

另外,星云大师也有四句话送给做妻子的:

1. 家庭是乐园;

2. 饮食有妙味;

3. 勤俭为五妇；

4. 赞美无秘密。

星云大师给这四句话的解释是：

做一个好妻子，要把家庭整理得像乐园，不要让丈夫下班回来，觉得家里很脏乱。最要紧的，饮食要有妙味，有人说："要控制男人的心，先要掌握他的胃。"只要给他吃得好，到了要吃饭的时候，他自然会回家。勤俭为五妇，要做一个像母亲、像妹妹、像婢女、像妻子、像臣子般的妻子；也就是说，对待丈夫有时像母亲关心儿子、有时像妹妹敬爱兄长、有时像婢女服侍主人、有时像妻子依赖丈夫、有时又像臣子伴随君王。赞美无秘密，平常对于丈夫要多说赞美的话，不要私藏金钱，不要隐瞒秘密。这样，夫妇的感情必定很好。

"君子性非异，善假于物尔。"其实一个人的成就，并非纯粹的智力使然，通常是与他善于发现事物的价值、善于利用机缘、善于调配安排、善于使事物的价值最大化有关。

台湾歌手吴克群有一天去杭州做活动，因为主办方失误，未及时通知他的歌迷，几乎冷场，急忙临时找人来捧场。令人没想到的是，吴克群开口就说："我知道你们不是我的歌迷，你们不会唱甚至没听过我的歌，但我深深感谢你们今天能站到这里。没关系，让我们一起随便唱。"后来，那天到场的很多"临时演员"真的成了他的歌迷。

我们应该善待身边的资源，善待它们，就是提升自身的活力。尤其是对于公司而言，只有充分发挥每一个员工的能力，才能真正降低成本，提升企业竞争力，实现物我、人我的双赢和谐。

第十章 愚者与人斗气，慧者与人斗智
——星云大师谈智慧

管理是一种艺术

自己的好处，要掩藏几分；

别人的短处，要掩盖几分。

——星云大师《佛光菜根谭》

244

星云大师说："管理是一种艺术，有其灵活巧妙之处。一位大将军在战场上，他的一个口号、一个命令，可以让成千上万的士兵不顾生死的冲锋陷阵，但是，战场上的管理大将回到家里，可能连一个太太也管不了。"

其实管理不是命令、不是指示、不是权威；管理要懂得尊重、包容、平等、立场互换，要让人心甘情愿，给人信心，让人欢喜跟随，这才是最高明的人事管理。

管理的妙诀，首先须将自己的一颗心先管理好，除了让自己的心中有时间的观念，有空间的层次，有数字的统计，有做事的原则，能合乎时代与道德。更重要的是，让自己心里有别人的存在，有大众的利益，能够将自己的心管理得慈悲柔和，将自己的心管理得人我一如，以真心诚意来待人，以谦虚平等来带人，才算修满"管理学"的学分。

自古以来，男士多称自己的太太为"内人"、"拙荆"甚至叫"贱内"，其实贤妻良母才是家庭里面主导内外的核心人物。将这种肯牺牲，肯奉献，不计较，不嫌苦的管理方法称为"剩菜哲学"，用它来教导我的徒众。但看古今中外，善于管理的良臣名将不都是因为拥有这种体贴、承担的美德，所以能够克敌制胜吗？像吴起领军，不但与兵士同榻而眠，同桌而食，而且嘘寒问暖，为吮脓血，所以官兵们都肯为他赴汤蹈火，在所不辞；李广带兵，在饥乏之际，发现泉水，不待士卒尽饮，必不近水，不待士卒尽餐，必不尝食，所以大家都乐于为他效劳卖命，出生入死。

由此可知，你是否是个优秀的领导者？在于你属下能否持续着优异表现。

有个少年请教一位智者："我如何才能成为一个自己愉快，也能够给别人愉快的人？"

智者说："我送给你四句话。第一句话，把自己当成别人。"少年说："这是说，在我感到痛苦时就把自己当成是别人，痛苦就减轻了，当我喜悦时把自己当成别人，喜悦将变得平和中正。"

智者点头；接着说："第二句话，把别人当成自己。"少年说："如此就可以真正同情、理解别人的需求，在别人需要时给予恰当的帮助。"

智者两眼发光，继续说："第三句话，把别人当成别人。"少年说："如此是要尊重每个人的独立性，在任何情形下都不可侵犯他人。"

智者说："第四句话，把自己当成自己。"少年说："这句话的含义我一时体会不出。这四句话之间有许多相矛盾之处，我用什么才能把它们统一起来呢？"

智者说："用一生的时间和经历。"

星云大师说："快乐来自人际关系。一个人处身社会，总会有许多朋友。平时参与各种社交活动，和各种人士互动往来，假如自己会做人，经常帮助、赞美别人，则'敬人者，人恒敬之'，别人也会对我们赞美、帮助，人际互动融洽，当然就会感到快乐。反之，有的人处事不够圆融，经常嫌这个不好或怪那个不是，自己没有培养好因好缘，自然不会获得友谊。难堪、烦恼一大堆，人生怎么会快乐呢？"

孔子有句话说："能与人言而不与之言，则失人；不能与之言而与之言，则失言。"这句话是说，我自信我是个能不"失人"又不"失言"的人，故大家对我有份信赖。

宋朝宰相富弼，处理事务时，无论大事小事，都要反复思考，因为太过小心谨慎，因此就有人批评他、攻击他。

幕僚人员对富弼说："有人在批评你！"

富弼一点也不在意，说："一定是在批评别人。"幕僚说："报告宰相，他不是在批评别人，他是指名道姓批评你呀！"

富弼淡然回答道："天下同名同姓者也很多。"

很多人都希望能做领导，而不希望被人领导。其实，领导者固然自身要有能力，更重要的是能够正确认识其他人的能力。

有一天，楚庄王和群臣议论国事，大家议论来议论去都不如楚庄王高明。庄王于是闷闷不乐地坐在书房，申公巫臣关心地问道："何故使君王不悦？"庄王说："每个时代都有贤人能人，关键只在于是否被人发现。能得到圣贤为师者，可以成就王业；能获得其友谊者，可以成就霸业。我自知能力不足，可是辅佐我的群臣谋士都还远不及我，照此看来，楚国的前途很危险，这正是我闷闷不乐的原因。"

楚庄王因为能正确地评估自我的能力，认为还有很多人不比自己差，而且敢于起用能力强的人，后来终使楚国兴盛。因此，管理者不一定要很能干，但是必须有一颗平等的心，善于用人，心如大海一般包容所有，一切便能为我们所拥有。

自古以来，婆媳不和，在中国各地到处都是。所以，家庭也存在管理的问题，管理者如果不具备很好的艺术性，就很难解决这个自古留存的问题。

星云大师讲过这样一个故事：

一个婆婆告诉媳妇："端午节到了，包粽子呀。"现在的女孩子都不会包粽子，但婆婆叫做的，不能不包呀。把粽子包好了，煮粽子也很麻烦，要很长时间。她从早上忙到傍晚，粽子好快煮熟了，就听到婆婆在那里给自己的女儿打电话："女儿呀，赶快回来，家里的粽子快要煮熟了，回来吃粽子吧！"

媳妇生气了，说："我这么辛苦了一天，你叫你的女儿回来吃粽子，我不干了！"围裙一扔，跑回娘家去了。回到家里，妈妈正在那里要打电话："女儿呀，你回来了，我正在要打电话给你呀！""打电话给我干什么？"妈妈说："我要让你回来吃粽子呀，你嫂子包的粽子很好吃呀。"她才想到："噢！原来天下的妈妈待女儿、天下的婆婆待媳妇都是一样的啊！"

在家庭里的一些事情上，就像要学会跳探戈，对方进了，你就让他几步，你有的时候也会进一下，他也会让你的。其实，家庭中的很多的烦恼，你只要会换位思考一下，就能和对方达成体谅，避免矛盾。

第十章　愚者与人斗气，慧者与人斗智
——星云大师谈智慧

🌸 以智慧扩充心光

为了体验人生，应以道德严律人格；

为了追求学问，应以智慧扩充心光。

——星云大师《佛光菜根谭》

跋涉在漫漫人生路上，我们时常会遇到山重水复疑无路的境地。此时，不怕前方真的无路，而只怕我们心中无路。只要心中有路，便能继续前行，走出柳暗花明又一村的境界。

一天早晨，伦敦城大雾弥漫，到处都是一片灰蒙蒙的，要看清楚一两英尺远的地方都十分困难。公共汽车、小轿车和出租车无法行驶，被迫停在路边。大街上，人们只好在大雾中慢慢地步行。

唐纳德要去学院参加一个重要的会议，必须准时赶到那里。他心急如燎，只好摸索着往前走，没有过多久就像其他一些行人一样迷路了。

就在这时，史密斯遇到了一个热心肠的人，对方主动地问他有何困难，需要什么帮助，并介绍说自己名叫约翰。在得知唐纳德有急事后，约翰自告奋勇地替他带路。就这样，他们俩寸步不离地穿行在浓雾之中。虽然街上能见度很低，但约翰却毫不费力地走着。他领着唐纳德走过一条巷子，接着拐进一条大街，然后通过一个广场，只用了半个小时就到了学院。

唐纳德十分高兴，但弄不明白这位好心人为什么这样轻车熟路。"约翰先生，真是太感谢您了！"他随即问道，"在这样的大雾里，您是怎样找到路的？"

"先生，因为我是一个盲人，再大的雾也难不住我。"约翰说。

盲人之所以不会迷路，只因为他心中有路。

是的，万法皆通，在于一心。一切情、理、名、利，一切困难、艰险都是外在的，对于心中有路的人来说都是暂时的。而对于那些眼虽亮而心盲者来说，即便是小小的困囿也不能挣脱，甚至有时候竟然会付出巨大的代价。原因就是，他们心中无路，心智未开，智慧之灯没有为他点亮心光。

自从两个月前父亲不幸身亡后，6岁的玛莎只有和母亲相依为命。明天就是圣诞节了，母亲掏出仅有的5美元递给玛莎，让她上街给自己买点礼物。

玛莎拿着钱找到了奥克多医生。她把5美元递给医生，小声请求道："奥克多先生，您能再帮我母亲做一次腰椎按摩吗？"奥克多轻轻摇了摇头，无奈道："玛莎，5美元不够的，最少也得50美元……"玛莎失望地走出了诊所。

大街的一角围了一些人，玛莎挤进去一看，是一个街头的轮盘赌。轮盘上依次刻着26个阿拉伯数字，每个数字对应一个英文字母。不管你押多少钱，也不管你押什么数字，只要轮盘转两圈后，指针能停在你的选择上，那么你都将获得十倍的回报。

轮盘赌的主人拉莫斯朝玛莎挥挥手，示意她让开。玛莎却没有退缩，她犹豫了一会儿，把手中的5美元放在了第12格上。轮盘转两圈后，停在第12格，玛莎的5美元变成了50美元。轮盘再次旋转前，玛莎把50美元放在了第15格。玛莎又赢了，50美元变成了500美元。人们开始注意玛莎。拉莫斯问"孩子，你还玩吗？"玛莎把500美元放在第22格。

结果，她拥有了5000美元。拉莫斯声音颤抖："孩子，继续吗？"玛莎镇定地把5000美元押在了第5格。所有的人都屏住了呼吸。不到一分钟后，有人忍不住惊呼："上帝啊，她又赢了！"拉莫斯快哭了："孩子，你……"玛莎认真道："我不玩了，我要请奥克多先生为我妈妈按摩——我爱我的妈妈！"

玛莎走后，有人开始计算连续4次猜对的概率有多少。拉莫斯则像呆子似的凝视着自己的轮盘，突然，他痛哭道："我知道我输在哪里了，这孩子是用'爱'在跟我赌博啊！"人们这才注意到玛莎投注的"12、15、22、5"四个数字，对应的英文字母正是"L、O、V、E"！

有时候，也许你只付出一点点微不足道的爱，就可以改变一个人的一生；也许，一个不经意间作出的决定却能挽救或毁灭了一个人。所以，千万别忽视生活中转瞬即逝的一个闪念，一点爱。

有一位年轻貌美的小姐叫菩达多，她走在河边，一个错觉，看到水里自己的倒影没有头，错乱了理智。从此，菩达多以为自己没有头了，无论看到什么人都疯狂着说："我的头呢？你还我的头。"她到处跟人要头，家庭被她吵闹得不得安宁，朋友见到她也很害怕，因为精神不正常，到处不得人缘。

有一天，遇到一个法师，菩达多上前说："我的头！我的头！还我的头来。"

这位法师看出她的病况，不由分说地便给她"啪！"一个耳光，年轻的菩达多大叫："你怎么可以打我？"

法师说："我打你哪里？"

菩达多理直气壮地回道："你打我的头啊！"

法师却说："打你的头？你既然有头，为什么还跟我要头？"

一语惊醒梦中人,菩达多终于清醒过来。常人多惯于要求别人"给"自己，却没有想到，本来一切具足，自己心里的宝藏比外在的财富更多。世间所有万物宇宙都在我心中，除了我的心，还要到哪里寻求？为求外在财富千山万水跋涉，却只是舍本逐末,不明白根本之源，只在枝末要求,枉然那无尽宝藏。

良宽禅师终生修行参禅，从来没有松懈过一天，他的品行远近闻名，人人敬佩。当他老年时候，从家乡传来一个消息，说禅师的外甥不务正业，吃喝嫖赌，五毒俱全，快要倾尽家里的财产了，而且还时常为害乡里，家乡父老都希望这位禅师舅舅能大发慈悲，救救外甥，劝他回头是岸，重新做人。

良宽禅师听到消息，不辞辛苦，不顾自己年事已高，立即往家乡赶。他风雨兼程，走了三天的路，终于回到童年的家乡。良宽禅师终于和多年没有见过的外甥见面了。这位外甥久闻舅舅的大名，心想可以在狐朋狗友们面前吹嘘一番，因此也非常高兴与他的舅舅相聚，并且特地留舅舅过夜。

家人都很高兴，心想正好禅师可以整夜对这个不肖的外甥进行说教，劝他浪子回头。外甥却心想，久闻舅舅大名，要是他真的对我说教，我可要好好捉弄他一下，日后在朋友们面前摆摆谱。出乎意料的是，晚上，良宽禅师在俗家床上坐禅坐了一夜，并没有劝说什么。外甥不知道这个舅舅葫芦里卖的什么药，惴惴不安地勉强熬到天亮。禅师睁开眼睛，要穿上草鞋，下床离去。他完下腰，又直起腰，不经意地回头对他的外甥说道："我想我真是老了，两手直发抖，穿鞋都很困难，可否请你帮忙把我草鞋带子系上？"

他的外甥照办了，良宽禅师慈祥地说道："谢谢你了。年轻真好啊！

你看，人老的时候，就什么能力也没有了，可不像年轻的时候，想做什么就做什么。你要好好保重自己，趁年轻的时候，把人做好，把事业基础打好啊，不然等到老了，可就什么都来不及了！"

禅师说完这话后，掉头就走，对于外甥的任何非法行为，一句不提。

但就从那天以后，他的外甥再也不花天酒地去浪荡了，而是改邪归正，努力工作，像换了一个人似的。

禅宗的教学法，有时当头棒喝，有时反诘追问，有时"有""无"不定，有时暗示含蓄。总之，禅的教育，就是不说破，没被说破的才是自己的全部。不说破，留给学生思考的余地，相信他们能够思考，他们通过自己思考得出的结论，比强行灌输进去的效果要好。不然，唠唠叨叨，自己累得要死，不但劳而无功，还会引起学生的抵触情绪。

天下爱护儿女的父母们，有多少能懂得这种禅心？又有多少能够运用这种暗示、启发教学法呢？

一位轻生的少女，万念俱灰地向一条湍流的河中走去。

就在这位少女刚刚步入河水的浅滩时，一个路过此处的老僧看到了，连忙把手的一串念珠果断地抛向河面，并向少女大声喊："毒蛇，河水里有毒蛇！"

少女此时也看到了"佛珠"的蛇影，少女惊叫一声，转向河岸上跑去。老僧装惊讶万分的样子，大声说："不好了，毒蛇追上来了！"少女信以为真，不禁大惊失色，一边继续向岸上跑，一边连呼："救命呀！救命呀！"

老僧抄起禅杖痛打"毒蛇"时，惊魂未定的少女发现了老僧的"骗局"。少女就嗔怪道："你这个老和尚！为什么吓唬我？"

老僧讲："姑娘，你再往下走，就永远上不来了！我能看着你不管么？"

少女又嗔怪道："哪有你这样救人的,快把人家吓死了！"

"呵呵，没办法，我也不会凫水，再说了……"老僧平和而慈祥地说，"我一急，就长了这个心眼，想起了手中的佛珠。"

少女抢过话头："我要是再去投河，看你还有什么法子救我？"

"你绝对不会再去投河了。"老僧微微一笑道："你连佛珠都怕，说明你的心底还有生的希望和期冀！你当时只是在气头上，再说了，你一跑，说明你现在完全转过弯了，你不仅再不会寻短见，而且会生活得非常幸福和美满，我这老僧的眼神着来！"

少女感激地笑了笑。

老僧说："姑娘，赶紧回家吧，我会到你府上讨张笑脸讨碗饭的！"

"一言为定！"少女说，"我呀，会准备一锅饭来报应你，你真是个活菩萨！"

少女轻生，只是气头上的糊涂行为，但她还是十分怕蛇的，一个心底还存有敬畏的人，是可以拯救和自我拯救的，老僧正是看到了这一点，只以一串佛珠和几下虚假的杖击就拯救了一个年轻女孩的性命。若是普通人，定是既拉又哄，好一番折腾，当然，也不一定能赶得上、拉得住、哄得了。

看来老僧不仅"法眼"确实厉害，而且"法术"也很高明啊！

这就是禅宗所赋予人的智慧力量。

无数的人在不知不觉地生活，被动的生活，这样生命就是一种令人厌烦的东西，不仅生命需要承担物质世界的一切，生命自身也是可憎的累赘。因为肉体和精神的各种沉重，生命自身也是生命的可怕的敌人。这样生命除了自我内在的折磨之外，别无所有。

有一个人做事总是非常紧张，生怕自己出丑但往往真的出丑，渐渐地，他心里自然对任何事都很在意。

一天，他遇见了一位禅师，禅师这样对他说："人生在世第一件必须学习的就是摔倒不受伤。走路的时候栽跟头，做事栽跟头都不在乎。我学习了摔倒不受伤的本领，我来教给你。"

禅师又说："你不是别的，只是一只旧袜子，那么你就不必在乎摔倒了，因为旧袜子不会受伤，也不会断，这就是全部诀窍。现在我们来假装旧袜子吧！不要硬撞。注意，你周身都是软绵绵的，别让肌肉硬僵僵的。"

就这样练习，禅师把他举起，往地下一扔，他果然没有受伤。这个人从此得到教训，每遇到急事就告诉自己，不要紧张，把自己当作是一只软绵绵的旧袜子，身体如此，精神也如此。

果然时间一长，这个人终于能够遇事放松，不再过分在意身边的事情了。他的生活也变得自在了许多。

其实，像这个人一样，很多时候我们的不自在都是自己给自己找来的。如果我们能够用正常的心态去面对自己，面对身边诸事，那么我们就会少了许多不自在。自卑的人再多一点自信，烦恼的人再多一点快乐，就会感到自在其实是很容易的。

心灵对人的生存有着超乎常识的掌控作用。人之心灵所生出的思维意识不仅仅是精微的高能信息物质，也是编排未来人生世界密码程序的依据。所以，人生社会万物皆由人心所造化。人心的清净平等与龌龊失衡不仅决定人的生存空间环境的优劣，而且还决定人的智慧与文明层次的差别。

🪷 千万不要与自己较劲

> 用宽容的钥匙，打开褊狭的心扉；
>
> 用智慧的宝剑，斩断烦恼的情执；
>
> 用爱心的药石，修补创伤的痛楚；
>
> 用欢喜的法水，滋润烦忧的人生。

——星云大师《佛光菜根谭》

微笑是对人生最完美的诠释，微笑是从容的人生态度。我们微笑着面对生活，生活也一定微笑着面对我们。

在喧闹的城市中，受约束的是生命，不受约束的是心情，只要心是晴朗的，人生就没有雨天。

生活中有许多事情，乍一看很大，可多少年后再看，其实很小。仔细想想，曾经让你烦心的一些所谓的大事，在今天看来，还不都是一些不足挂齿的小事吗？这些小事让你悲伤过，叹息过，但如今不都成了很有意思的回忆了吗？

有些事情，之所以以当初让你觉得很大，或许是因为缺乏心理准备，或许是因为承受能力不强，更可能是由于你对自己还缺乏应有的自信。它从反面提示我们，某件事究竟是大，还是小，这与当事人是否成熟有很大的关系。对一个成熟老练的人来说，即使大事也是小事，而对一个幼稚单纯的人来说，即使小事也会成为大事。

有一则寓言故事：

一只小猫照镜子，看见里面也有一只和自己一样的小猫，很是生气。于是它就向镜子里的猫龇牙咧嘴，没想到镜子里的猫也龇牙咧嘴；小猫很生气，弓起身子准备打架，镜子里的猫也弓起身子准备打架。正在闹得不可开交时老猫回来了，看见小猫的怪样子，就指点小猫，如果你对那个猫笑一笑，看看它会怎样？于是小猫就向镜子里的猫微笑起来，而镜子里的猫也朝它微笑起来。

这个故事告诉我们，日常生活中的许多事情，实际上很多方面都是自己和自己在较劲。

有一句名言是"九十九分汗水加一分灵感"，教育者以为无论何人，只要经过"九十九分汗水"的磨练，就可以成才。其实是错误的，许多科学上的发明创造，往往决定于灵感，而不决定于"汗水"。灵感没有，或者走错了路子，即使有"九十九分汗水"的努力也没有结果。因此，也就产生了这样一种现象，在学习、考试中往往排在前三名的学生，没有那些排名在前十名以外的学生工作以后的成就大。

既然如此，我们就没有必要鼓励学生和自己较劲，不要像寓言中的猫一样，处处给自己树立一个镜像中的高目标或敌人，用镜像中的自我惩罚现实中的自我。

碰上僵局，或者对方一直不掀牌，让你莫测高深的时候，打破僵局最好的方法就是我先让一步。

聪明的米开朗基罗意大利艺术家米开朗基罗被公认为最伟大的作品，应该是他的大理石雕刻大卫像。

当米开朗基罗刚雕好大卫像的时候，主管这件事的官员跑去看，竟然不满意。

"有什么地方不对吗？"米开朗基罗问。

"鼻子太大了！"那位官员说。

"是吗？"米开朗基罗站在雕像前看了看，大叫一声："可不是吗？鼻子是大了一点，我马上改。"说着就拿起工具爬上架子，叮叮当当地修饰起来。

随着米开朗基罗的凿刀，掉下好多大理石粉，那官员不得不躲开。

隔一会儿，米开朗基罗修好了，爬下架子，请那位官员再去检查："您看，现在可以了吧！"

官员看了看，高兴地说："是啊！好极了！这样才对啊！"

送走了官员，米开朗基罗先去洗手，为什么？

因为他刚才只是偷偷抓了一小块大理石和一把石粉，到上面做做样子。

从头到尾，他根本没有改动原来的雕刻。

生活应当有进有退，只进不退或只退不进，都容易招致挫折和失败。一般地说，进比退好，但当该退而不该进的时候，退则比进好，退一步或许就能进两步。如果米开朗基罗不这样做，而跟那位官员争，会有这么好的结果吗？

你应该学会"退一步想"，生活中没有那么多大的原则问题，在不少事情上，都是既可这样，也可那样的。人不可只能拿得起，而不能放得下，该放下的就要放下。适时地放开自己，就等于解放自己，退一步对你大有好处。可见，有进有退，也是生活中的一种和谐。

有一对青年男女，在学校谈恋爱，刚毕业就结婚了。

先生长得粗粗壮壮，太太则娇小玲珑。

有一天，太太开车，先生坐在旁边。车子由长岛一路开进纽约市。

碰上红灯，太太没想到在纽约市红灯是不能右转的，居然方向盘一扭，硬是转了过去。

正有个警察躲在路边，于是被抓个正着。

"罚她！罚她！告诉她不能转，她要转。"那丈夫居然大声对警察喊着。

警察先一愣，接着笑了起来，走到那太太旁边，看了看驾照，手一挥，放他们走了。

因为那太太已经够可怜了！

两边争执，只要有一边知道先让步，留三分地给别人，常能使彼此都获得更大的天空。

经验告诉我们，当生活中冒出一些不顺心的小事时，你千万不要过分在意，能处置的就快速处置，不能马上处置的，就放一放再说，有些小事能够一笑了之是最好的。须知，不把小事看大，也是有效把握人生韵律的重要秘诀之一。

需要注意的是，人遇到不顺心的事时，千万不要过分与自己较劲。努力化解麻烦是必要的，但有些事情明明无法挽回，你又何苦纠缠下去呢？自己与自己较劲，只能增添新的麻烦，而对自己造成新的伤害。

千万别和自己较劲，让我们在一生的路上，一路微笑着行进。微笑的人，善于把痛苦锤炼成诗行，把眼泪化作灯盏，照耀着前行的道路。生命是美丽的，只要我们用心去谱写生命的每个音符，就能奏响人生最美妙的乐章！